成长的
常识

给青年教师的50封信

王维审 —————— 著

江西教育出版社
JIANGXI EDUCATION PUBLISHING HOUSE

·南昌·

赣版权登字-02-2021-670

图书在版编目（CIP）数据

成长的常识：给青年教师的50封信 / 王维审著. ——
南昌：江西教育出版社，2021.11（2023.6 重印）
ISBN 978-7-5705-2486-0

Ⅰ. ①成… Ⅱ. ①王… Ⅲ. ①青年教师–师资培养–
研究 Ⅳ. ①G451

中国版本图书馆CIP数据核字（2021）第209603号

成长的常识——给青年教师的 50 封信
CHENGZHANG DE CHANGSHI —— GEI QINGNIAN JIAOSHI DE 50 FENG XIN
王维审　著

江西教育出版社出版
（南昌市学府大道 299 号　邮编：330038）

出 品 人：熊　炽
责任编辑：苏晓丽
美术编辑：张　延

各地新华书店经销
江西省和平印务有限公司印刷
700 毫米 × 1000 毫米　　16 开本　　14 印张　　175 千字
2021 年 11 月第 1 版　　2023 年 6 月第 2 次印刷

ISBN 978-7-5705-2486-0
定价：42.00 元

赣教版图书如有印装质量问题，请向我社调换　电话：0791-86710427
总编室电话：0791-86705643　　编辑部电话：0791-86708350
投稿邮箱：JXJYCBS@163.com　　网址：http://www.jxeph.com

自
序

　　这本书里选用的书信，大多源自我在《中国教师报》《湖南教育》等报刊上发表过的专栏文章，特别以《湖南教育》专栏的内容为主。借此机会，我要向《中国教师报》的宋鸽老师、《湖南教育》的陈敏华老师致谢，感谢她们坚持不懈地催要稿件，才让逐渐慵懒的我攒出了这本《成长的常识——给青年教师的50封信》。

　　谈教师成长，特别是与青年教师谈成长，委实算不上是一件很轻松的事情——有些青年教师并不知道自己有困惑，也感觉不到自己有痛点，甚至都不知道什么是真正的成长。因为"不知"，所以"不惑"；因为"不惑"，所以"不知"。如此的往复循环，让青年教师群体成长的困境得不到揭示，发展的暗角见不到光亮。从这个意义上来说，我要感谢这些提出疑惑和问题的老师，是他们提供了教师成长的普遍问题，才让我们有机会一起来解释"最难的问题"和"最痛的东西"。

　　在谈这50个问题之前，我想先谈谈我理解的青年教师以及他们的成长。

　　前段时间，我参加了临沂市第八中学的青年教师成长总结汇报会。

在活动的最后，我谈了一点感受——青年教师应该是什么样子？我想，对于一位青年教师来说，他大概应该具备以下三个"样子"。

年轻的样子。年轻的样子是什么样？在活动的开场，七八位青年教师跳了一段热舞，激荡会场、撞击心扉，时间与空间都好像在那一刻演绎了无数种可能。没有刻意的服装与化装，也没有精美的舞台布置，有的只是属于他们的那种自然而然的张力——激情、张扬、纯粹、多彩，喷薄而出。我想，这就是年轻的样子，也是青年教师最应该有的样子。但是，在和青年教师座谈时，有很多年轻人的"成熟"令人恐惧：千人一面，规规矩矩，几十个头脑用着同一个腔调说话；谨言慎行，察言观色，到处透着四平八稳的中庸之道。有时候我会很着急，甚至盼着他们可以在一派和谐中冒出一些"莽撞"和"冲动"，哪怕是说错一些话、做错一些事。我更希望他们可以用青年人的思维和语言去表达自己的年轻，去炫耀自己的足够年轻。因为年轻本身就是一种比成功更吸引人的力量。

教师的样子。教师的样子是什么样？我想大概有三个特征：一是良好的素质；二是足够的能力；三是独特的气质。前两者都好理解，对于气质，我想做个简单的说明：什么是气质？比如，在开场的活动之后，身边的学校领导告诉我，这个舞蹈是老师们自己编排的。我从一群同样年轻、同样充满活力的舞者中，毫不费力地认出了编排者，其原因就是他的身上有一种独特气质，一种不同于他人的感觉。我想，所谓教师的气质，体现出来就是能够让人在茫茫人群中指着自己说——这个人是老师。青年教师需要去修炼这种精神气场：比如正气、大气，这是教师生命灵魂的底色；比如锐气、骨气，这是教师精神世界的脊梁；再比如才气、书卷气，这是教师人生境界的标识。

成长的样子。成长的样子是青年教师最美的样子，唯有成长才是对生命的最好"美容"。在整个活动中，青年教师们从不同视角分享着自己的成长。在课堂上，他们与学生共振共鸣；在教研活动中，他们与同事碰撞交流；在竞争中，他们与对手一起进行自我修补；在学习培训中，他们感受着名师专家的引领。因为年轻，生命的犄角旮旯里都藏着成长，一举一动里都生长着成长。当然，这些还都是外在的成长，或者说是表面上的成长。真正的成长应该是什么样子？可以自由地选择自己要走的路，发自内心地相信自己的选择，一切努力仅是源于自己的喜欢，不畏惧独自一个人的行走。当这些都成为生命的常态，我们也就看到了成长的样子。

概括起来说，年轻是青年教师的本色，为人师是青年教师的本质，成长是青年教师的本分。彰显本色，坚守本质，做好本分，就是青年教师的样子。

接下来我们重点谈"成长的样子"。

一方面，青年教师亟须"完整的成长"。

最近在做的两项工作引发了我的思考。其一是省特级教师评选推荐，其二是我们临沂市兰山区组织的名师名班主任名校长评选。这两个评选活动都属于综合性的荣誉评选，考量的是教师的整体素质和综合能力，评选标准的设置更讲究综合、体系和完整，基本上是从综合荣誉、业务奖励和科研素养三个方面进行综合评定。

从上交的材料来看，教师的成长普遍存在"偏科"现象，业务能力强的科研能力弱，科研能力突出的大多不会在业务评选上占据优势。综合起来看，教师的荣誉证书比较集中于优质课评选、教学质量奖等业务奖励，科研能力欠缺是一个比较集中的现象。教育科研的"鸡肋"化倾向，已经成为当前一种比较普遍的尴尬，导致大多数教师放弃了在科研上的付出和努力，"专心致志"于教学业务能力评比上的较量。可以说，重实践、轻研究，重技能提升、轻理论支持，既是一线教师的普遍成长生态，又是教师专业发展的突出瓶颈。

在这次评选中，有些教师有省级"优课"等省级荣誉，还有一摞摞其他各种级别、各种类别的大红证书，却独独少了科研方面上的硬杠杠——课题、论文等。也有个别教师课题、论文等都齐备，却看不到优质课证书、教学成绩奖等业务奖励。有时候，我甚至会突发奇想：假如可以把其中的某位老师和另一位老师"融合"起来，一定可以塑造出一个完整的成功者。

其实，在这三类材料中，除了综合荣誉不容易靠个人争取以外，其他两类完全可以凭自己的努力去获得。那么，为什么还会有如此多的教师出现"瘸腿"现象呢？大概是因为，教师们更喜欢在自己擅长的领域去深入，而不太喜欢在"短板"上下功夫。比如，擅长讲课的教师，可能更喜欢参加优质课评比，并乐此不疲；再比如，喜欢做研究的教师，则更愿意坐在书桌前"码字"，并废寝忘食。这两类人，都缺少了往前一步的意识——擅长讲课的，如果能够往前一步，将自己的优质课例进行整理提升，形成论文等成果，则一定可以在研究中让自己的课堂教学更进一步；擅长研究的，如果能够往前一步，将自己的思考落实在实践中，一定可以在创新实践的基础上让自己的研究更加丰富。

所以，我认为教师需要一种"完整的成长"。这里的"完整"，更多意义上是指内容、路径和方式的完整，而不是指荣誉证书的获得上要"面面俱到"。我想告诉老师们的是，一定要在各自擅长的领域不断发展再向其他领域拓展一下"喜欢"，一方面可以增加成长的系统性，另一方面也可以让自己的特长更长。为了表述上的方便，我是假借"证书"进行了分析，但我真正想要表达的，绝对不是证书的完整获得，而是证书背后隐匿着的成长的完整获得。

另一方面，青年教师需要"独特的成长"。

"完整的成长"，强调了教师发展的系统性，重在能力结构的完整和完善。同时，青年教师还要有"独特的成长"，通俗来说就是要有自己的"一亩三分地"，然后专注于深耕细挖，形成自己的独特风景。

"深耕"是青年教师成长的重要方式，但又很容易被人忽略。几年前，我曾经向《班主任之友》推荐过一篇孟凡尧老师的文章，文章讲述了他处理"腿脚不好的女生参加校运动会"的故事。为了既能让女生参加开幕式展示活动，又能保证展示效果，还要不伤害女生的自尊，他出了一个解决方案——让女生穿上卡通服，表演一个卡通人物。就这样，这个女生东倒西歪的"本色表演"获得了全校师生的掌声，班级展示活动也得到了好评，一个棘手的班级问题因他的智慧而得到了解决。这个案例在当时得到了很多读者的热捧，孟老师也经常在不同场合分享自己的这个案例。

前几天，我到一所学校参加活动，恰好这所学校邀请了孟老师为青年教师做讲座。在讲座中，孟老师抛出了前面案例中的问题：假如你的班级中有这样一个形体特殊的学生，在面对类似的问题时，你会怎么做？很明显，年轻教师们都被这个问题给难住了，好几位老师的发言都不能让孟老师满意。最后，孟老师分享了他的"卡通服"经验。而我却突然冒出了一个很奇怪的想法：班级展示活动可以靠卡通服侥幸过关，女生的人生岂能时时刻刻穿着卡通服过关？整个过程中，"卡通服"经验的成功仅限于解决了彼时彼地的班级问题，但却并没有关注女生更为长远的人生。其实，对于这个女生来说，最大的问题并不是避免某一次尴尬，而是如何坦然地面对未来很长、很远的生活。

你看，一个经验在几年之后依然原封未动，一种做法在多年以后还在津津乐道，如此缺少"深耕"意识的我们，又如何能够把某一个教育元素做透、做精、做大呢？从教20多年来，我在故事与教育的融合研究上基本实现了"深耕"：从写故事到用故事再到研究故事，我一点点走向故事的深处，也一步步挖掘故事的教育价值，最终提出了"叙事教育"的理念，开发了系列叙事教育课程。可以说，正是对故事教育价值的"深耕细挖"，才成就了我的"叙事教育"特色理念，让我在教育领域中有了独特的教育理念和话语权。

　　年轻的老师——在后面的50封信中我一律使用了这样的称呼，我用26年的教育经历给你们提出一些建议，希望对你们有些帮助，有些影响。

王维审

2021年春节于羲之故里

目　录

第三章　077

师爱锻造：努力做学生心灵的守护人

第四章　107

专业判断：在行动的关键处用力

5 第五章　143

素养提升：用好读写研"三驾马车"

6 第六章　177

管理赋能：寻找班级建设的道与术

第一章

气质培育：
成为精神明亮的教师

　　教师首先是人，然后才是教师。所以，教师的成长始于生命的成长，也就是精神上的成长。教师要成为精神明亮的人，做一个善于自我解困、善于获得高价值感、善于构建宏大格局和高尚情操的自我建设者，不断发现、创造和展示更好的自己。

试着管理好自己的情绪

　　我毕业于一所重点师范院校，工作已经七八年，正处在经验丰富、精力充沛的职业发展黄金期。我的教学成绩很突出，在年级中一直遥遥领先；我的教学能力很强，多次在市级以上业务大赛中获奖。有一天早晨，我在开车上班的路上与一辆自行车发生剐蹭，受到了骑车人耍赖般的纠缠与要挟。余怒未消的我踏着铃声赶到教室，匆匆忙忙开始上课。在提问环节，我一连叫了两名同学都回答错误，当第三名同学依然没有说出正确答案时，我忽然之间情绪爆发，冲着学生大发雷霆并推了他一把，导致学生跌倒并受了轻伤。在学生家长的强烈要求下，我被调离教学岗位，成为学校的一名后勤工作人员。就这样，我这个原来深受领导赏识、家长认可、学生喜欢的优秀教师，仅因为一时的情绪失控而失去了自己最挚爱的课堂，陷入"英雄无用武之地"的尴尬境地。现在我很后悔，如果我当时能够控制好自己的情绪，就不会有今天的尴尬处境。我也觉得很委屈，这件事情于我是不是有些不公平？

年轻的老师：

我之所以这样称呼，意思是我想要回复的不是哪一个人，而是所有有这种想法的年轻老师。很感谢你与我分享自己的经历，这让我想起了自己经常问青年教师们的一个问题：当走进教室面对一群孩子时，你最需要的"第一"专业能力是什么？他们的回答和你的想法相当一致，通常倾向于把教学成绩的高低作为衡量成功与否的标准。

就这个问题，我的思考是：知识与经验固然重要，但倘若失去了教学的资格，这一切也就不再具有价值。做个不太恰当的比喻，如果知识、技能和经验是可以用来叠加教师专业能力的"0"元素，那么情绪管理则是排在最前面的"1"。没有了这个"1"，后面再多的"0"其效益也终究只能是个零。所以，从某种意义上来说，教师最重要的专业能力就是管理好自己的坏情绪，这既是教师维系正常教学常规的根本，也是教师走向专业立场的前提。

现代心理学告诉我们，情绪是掌控一个人行为的底层操作系统，如果不能控制自己的情绪，那么你会常常面临一些失控的局面。纵观各地频频爆出的师生冲突和家校冲突，其中的不少问题可以说是由教师的坏情绪导致的。通常的状况是，在不良情绪的驱使下，不该说的话说了，不该做的事做了，本该坚守的底线逾越了。而这些不理智的行为一旦产生了糟糕的后果，人们又会在事后悔恨有加——我当时为什么就控制不住自己的情绪呢？从一线教育实践来看，精神层面的类似冲突已经成为教师焦虑和困顿的主要因素，严重影响着教师的生命质量。更为严重的是，随着社会对优质教育的期待越来越高，教师群体面临的精神压力也会越来越大，情绪和教师职业的关联度越来越大，甚至已经成为教师履职和成长的关键要素。所以，通过科学的情绪管理实现精神世界的清朗与澄明，已经成为教师群体不得不面对的一个现实问题。

在现实的教育实践里，良好的情绪管理能力已经成为新时代教师的必备素质。所谓教师的情绪管理能力，是指教师对自身的心理和行为的主动掌握、适当控制和积极调节，是教师根据教育需要选择性组织情绪的一种综合能力。举个例子说，当一位教师受到学生的严重挑衅时，与学生针锋相对地进行口舌战，或者采取以牙还牙的方式拳脚相向，这就是一个自然人对情绪的自然宣泄。如果教师在受到挑衅时能够意识到自己是教师，从而有意识地对情绪进行调控，选择有利于施加教育影响的良性情绪，这就是教师自控情绪的表现。

情绪失控带来的问题随处可见，自控情绪的意义也无须多言。对于青年教师来说，最希望知道的可能是"如何控制好自己的情绪"。就这一点，我觉得是一个非常复杂的个人修为问题，不仅需要循序渐进的长期努力，更需要教师去不断探索适合自己的情绪管控方式。在这里，我只能提供一些比较普适的概念和认知，帮助青年教师走上情绪管理之路。

在心理学上，有一个概念叫"心理按钮"，也就是我们在成长过程中为自己设定在内心的"心理程序"。当有人一不小心摁到了这个"按钮"，被预设了的心理程序就会启动，从而释放出负面情绪。比如，在师生关系中，学生的一句话、一个表情或者一个并不严重的错误，都可能让教师暴跳如雷、怒不可遏，这就是因为学生恰好摁到了教师的"心理按钮"，激发了教师内心预存的糟糕情绪。教师当时的情绪爆发，可能就是因为那个学生成了启动"心理按钮"的人。基于这样的一个原理，当感觉到自己即将会情绪失控时，教师就应该及时提醒自己——我的负面情绪和痛苦与眼前的这个学生无关。如此反复强化训练，让"按钮"理论成为植根于内心的自然认知，建立起一种"学生不过是摁了我的按钮而已"的意识，将人与问题分离开来，这将有助于教师形成自控情绪的基本能力。

按照"心理按钮"理论，我们来分析一下教师情绪容易爆发的基本原因。每个走上教师岗位的人都希望自己做个好老师，能够得到领导的认可。如此，我们就在自己的内心装上了一个"心理按钮"——做一个领导认可的好老师。但是，"问题学生"和学生问题的频繁出现，让我们的班级不断出现管理问题，不断被学校扣分、通报。这时候，我们就会感到自己在领导心目中的形象一点点被破坏，而始作俑者就是那些经常犯错的学生，罪魁祸首就是学生犯的错。当这种想法积攒得越来越多，量变马上要发生质变时，恰好有个学生又违反了纪律，我们感觉自己的形象又要受到影响，那么他就成了摁到"心理按钮"的人，我们的情绪就会爆发。当然，即使情绪不爆发，我们也会不由自主地讨厌"问题学生"，会为学生犯错而生气——看起来像是职责所在，实际上是拒绝一切接近"心理按钮"的人和事。从这个角度上来说，我们很多恶狠狠的教育，通常是自私的，是为了保证自己的利益不受损害。这样一分析，情绪管理的问题其实就成了师德建设的问题——我们到底是为了什么而教育，是个人的利益得失还是学生的生命成长？

当然，培养教师自控情绪能力的方式与途径有很多，上面所谈的"按钮"理论也不过是其中的一个方法而已。我倒是觉得，与方法相比，作为具有专业背景的教师来说，有两个基本认知似乎更值得记住：一是相信自己可以管理自己的情绪，所谓的"本性难移"不应该成为阻碍教师专业情感建设的借口；二是告诫自己必须管理好自己的情绪，要清晰地意识到情绪管控不再是"能不能"的事情，而是如何管控的问题。有了这两个认知，教师情绪的自我管理就有可能得以开展并实现。

拿破仑曾说："能控制好自己情绪的人，比能拿下一座城池的将军更伟大。"借此说法，我们可以认为：能控制好自己情绪的教师，比只知道冲锋陷阵、攻城略地的教师更有未来。

王维审

2019年8月9日

必须找到一种精神上的存在

我以前在农村学校工作，自认为是那种讲课不知道累、作业检查及时到位、大考小考都认真准备的勤奋型教师，再加上平时对学生要求严格、教学进度跟得紧，我的教学成绩始终在年级中居第一名。我很享受这份职业荣耀，特别是面对他人欣赏或崇拜的目光时，更会有一种强烈的成就感。但我的内心也有不安和焦虑，总是担心自己会被别人超越。每次参加学校组织的活动时，我都会高度紧张；每次考试前，我更是夜不能寐。我感觉自己好像被绑上了永不停止的战车，拼命地与他人较量、竞争。

今年，我进入市区里的一所重点中学工作。在新的学校，我的严格管理和勤奋似乎没有起到多大的作用，在第一次统考中，我所教学生的成绩只达到了中等水平，这让我的自尊心受到了极大的打击。于是，我把心思全部用在了工作上，没有了业余生活，没有了个人爱好。即使这样，我也没有能够拿到第一，教学成绩始终在中下游浮动。这让我感到很挫败，无论看到谁都觉得人家在嘲笑自己。最终，我不得不放弃班主任工作，并从教"主科"改

为教"副科"。从此以后，真的不会再有人看得起我了，
我该怎么办？

年轻的老师：

你的困惑是教师群体中比较常见的一个问题：教师的自我认知过度依赖外在评价，没有建立起自己独立的价值标准。所以，当在现实中遭遇挫折和阻碍时，就没有可以释放压力、消融情绪与抵抗失败的精神防御力量，缺少一个可以安放疲惫与不安的精神避难所。

其实，人应该同时存在于两个世界中：一个是现实生活世界，一个是精神生活世界。现实生活世界具体而繁杂，通常会有数不尽的对比、纠缠和不能自已的争夺；精神生活世界则是超越世俗的一种自我建构，追求的是一份"不以物喜，不以己悲"的深远与豁达。也许你的问题就在于，在自我建构中打破了现实与精神的统一性，缺失了精神生活世界的建设与跟进。

我有过18年的一线教师工作经历，懂得普通一线教师生活的平淡、琐碎与忙碌。真实的教师工作，远没有想象中的清闲与轻松，更没有影视剧中的浪漫与美好。在大多时候，教师会被埋没在备课、上课、批改作业以及处理没完没了的学生问题之中。简单重复、循环无味的日常生活，很容易磨损教师的激情与骄傲。慢慢地，很多人也就习惯了接受与放弃——接受当下的平常，放弃为可能而努力。更为严重的是，这种心甘情愿在教师群体中并不少见，生活于其中的人无论瞅向哪个方向，目光所及都可以发现与自己一样庸常的同事，自然也就愿意把自己的挣扎丢弃在一旁不管不顾。活在眼前，紧盯脚下，小富即安，为一分一毫的高低上下而计较，为纯粹的分数和名次较劲，这也是有些教师的真实生活写照。当然，这种生活方式并非教师个人主动选择的结果，而是教育生态、社会环境等各方面综合影响的后果。所以，在我们无法选择现实

生活时，精神生活的富足与丰盈就显得尤为重要。

　　教师如果缺失了精神生活的滋养与扶持，就容易受制于外在的诱惑、冲击与绑架，从而让自己陷入"不得不随波逐流"而又"不愿自甘堕落"的两难困境。一个人在最初成为教师的时候，大都会有一些精神上的追求，也会有美好而浪漫的情怀。走着走着，这个还不够丰富的精神世界就会被改变、被破坏。我所说的不够丰富，既包括信念上的不够坚定，也包括结构上的不够完整。比如，几乎所有的教师知道学生成长需要的不仅仅是分数，也会做出一些为未来和素养而教的努力，但当升学的压力和排名的打击降临到面前时，很多人就会选择为分数而教。这份放弃，既说明了教师精神信念的不够坚定，还没有能力用自己的精神世界抵抗现实中的不安；也反映出教师精神结构的不够完整，在自己的精神版图中找不到一条可以安顿现实困惑的路径。

　　其实，在教师群体中并不乏像你一样陷入现实生活的泥沼而又找不到精神上的寄托，奔波在具体情境中而又看不到诗和远方的人。他们或许曾经在现实的评价中暂处高位，并有一定的光环和掌声，但只有他们知道自己的功成名就有多么脆弱，多么经不起精神上的推敲。从这个意义上来说，有一些教师是在有意或无意中被迫怠慢了自己的精神生活，而有一些教师则是主动妥协、自愿投降。无论哪一种情况，那些被怠慢了的精神生活都会在不知不觉中报复已有的现实世界——当一个人在现实中遭遇挫折或碰壁时，没有一种力量可以支撑起他的精神和灵魂，也没有一个空间可以让他躲避、休整和重新再来。他只能在现实的逼仄中将自己撺向无助，在走投无路中走向绝望。于是就有了颓废，有了沉沦，甚至有了悲剧。

　　我觉得，教师不仅仅是一份现实的职业，更是一种精神上的存在。对于教师而言，精神生活丰富与否，往往会决定职业质量与生命品质的高低。所以，建设教师的精神世界，让现实中的苦难和不堪有路可退，让现实中的压力和打击有空间可以缓冲，已经成为改变教师生活、完善教育人生的必要和必需。

如何建设自己的精神世界？我觉得可以试着去营造自己局部的春天。也就是说，你要找到自己的精神归属，有自己的小天地，有可以"与世隔绝"的精神避难所。比如说，我们在琐碎重复的工作之外，培养自己的某种爱好和兴趣，让这些爱好和兴趣滋养精神，让自己可以得到精神的愉悦、情感的放松和勇气的再生。我有一位朋友超级喜欢种花，几乎把所有的业余时间放在了自家大阳台上，各式各样的花盆、千姿百态的花朵、精美绝伦的空间设计，让他的阳台成了自己的后花园。他说，每当自己在工作中遇到了不顺心的事，就会跑到阳台上去修修花、拔拔草，辛苦上一阵子后也就神清气爽，忘记了烦恼。甚至，有时候只是在阳台上坐一坐，那些压力、郁闷与苦痛都会慢慢被融化，慢慢烟消云散。其实，他就是为自己营造了局部的春天，就像是在严寒的季节里搭起了温室大棚，即使天寒地冻，总有一个小小的空间可以提供温暖和舒适。

我觉得，于你而言，你必须尽快在精神上找到自我存在，发现自己工作之外的爱好，或者在工作中找到可以激发兴趣的领域，然后全心投入，营造一个小小的、可以安放自己灵魂的春天。

更重要的是，你还年轻，你要坚信一切都还来得及！

王维审

2020年4月17日

自我成长从合理归因开始

　　有一位老师和我谈他的职业之痛。他觉得自己一直在努力教学，自认为教学能力也不错，但班级成绩却始终不理想，这让他感到很苦恼。我问他有没有思考过班级成绩不理想的原因，他掰着手指头开始数落：学生的基础比较差，农村孩子没有养成良好的学习习惯；学生家长的素质比较低，很多家长根本就不关心孩子的学习；学校计算成绩的方式有问题，优秀率的考核比例过大……他所列举的原因大都与自己无关，似乎其成绩不佳完全是外在因素，自己就是一个恶劣教学环境的受害者。

年轻的老师：

　　也许有些话当面说会有诸多不便，所以我选择用文字继续和你进行交流。在前面的交谈过程中，我有种感觉，你在面对自己的职业缺陷时，习惯归咎于他人或环境。经验告诉我，你的归因模式，也正是很多青年教师的"通病"：成绩与经验都是自己的，失误与不足都是他人的，问题永远在别人身上。

　　这种归因模式最主要的表现便是善于自我表扬，高度自我肯定。我曾经参加过很多学校的青年教师座谈会，经常会听到他们就自己成功的教育实践侃侃而谈，几乎所有人讲到的是过五关斩六将的辉煌，很少会有人提及自己败走麦城的境遇；我也列席过一些学校组织的各种恳谈会，经常会听到他们如何将教育实践中的"败笔"巧妙地归于环境和现实的局限，然后对自己当下不成长、不成功的现实进行修饰性解读，有时还会对个人的"不幸遭遇"大发感慨。每至此，我都很想站出来提醒他们：你是否想过自己的教育实践中还有哪些不足？是否也要学会对那些不令人满意的结果负责任？

　　其实，对于一位教师来说，除了要有梳理经验、总结成果的意识和自信，还应该要有进行自我怀疑的勇气与能力。通常来说，怀疑是人的天性之一，但这种天性往往局限于对外怀疑，怀疑他人的缺陷、怀疑周围世界的不足，而很少会有人进行自我怀疑。所谓自我怀疑，就是一个人针对自我的本能性觉察，是在历经一段时间的努力之后，主动对自我进行的深度审视、严谨追问以及积极否定。从个人成长的视角来看，自我怀疑是人类理性思维的表现，是发现自己的缺陷和不足，探索、修正、弥补个人失误的必由路径。但事实上，大多数教师缺少自我怀疑的意识。比如说，如果一节课讲得不够令人满意，很少有人会去质疑自己的课堂教学设计存在问题，而会强调一些自身之外的客观原因；如果一节课讲得足够顺利，更鲜有人会去琢磨怎样改进会更好，也不会去考虑是不是外在的因素促成了这节课的顺利。这都不是最可怕的，最可怕的是，无论对这节课满意与否，它都将会在另一个班级中被复制，甚至是几年、十几年不变地进行重复。

　　人最容易的是评价别人，最难的是认识自己。因为认识自己需要从自我怀疑开始，需要先进行自我否定，而自我否定无疑是一件很痛苦的事情。但是，一个真正想要成长的教师，必须要咬着牙完成这样的自我否定，在不断的自我否定中实现对自我的系统认知和重新建构，然后才有可能获得成长和进步。当然，这种自我怀疑不是对自己失去信心，更不是对未来悲观失望，而是对自我主动进行的一种辩证思考。这里面有两点尤其重要：一是主动，二是辩证。"主动"是说，这种怀疑是教师自觉开展的一种认知活动，是可控的、朝向利好的实践行为，是为了更好地看清自己、了解自我而实施的自我梳理和辨识。"辩证"是说，这种怀疑应该建立在自我肯定的基础上，是在充分认可自我、欣赏自我后开展的自我思辨，是将自己作为一个完整人来审视的思维活动。也就是说，这种自我怀疑既不是失去信心后的自卑，也不是悲观失望后的颓废。相反地，它是一种积极的自我诊断和治疗，是教师自我成长的开端和启动。

现在我们来看你对"班级成绩不理想"这一问题的归因：一方面，你自己认为个人的教学能力很好，不会导致班级成绩不佳的现状；另一方面，你过多地强调学生的种种不足，未能站在客观的立场去面对现状。比较正确的做法应该是，先向内归因，寻找个人教育实践中的不足与失误，及时调整教育思路与方法。再去分析学生的学情，确认学生在学习方法及态度上是否有可以优化的空间。最关键的一点是，无论学生身上存在着怎样的问题，我们去发现和揭示不是为了解释"成绩不佳"，更不是为了掩饰教育失败的现状，而是为了更好地改进教学，帮助学生获得更大的成长机会。如果带着这种心态去反思，那么不论是向内归因还是向外归因，都将有助于事情的发展和问题的解决。

王安石在《伤仲永》中写过方仲永的故事。方仲永本是一个"邑人奇之"的神童，因为"不使学"而"泯然众人"。其实，当下也有很多"方仲永"。就像一些教师，课讲得好，教学成绩也不错，班级管理也有思路和方法，但却从不主动怀疑、自觉反思，一味地自我感觉良好，结果走上了日复一日的简单重复。久而久之，周围的人走得越来越远，自己却还在原地踏步，结果就是如方仲永一般"泯然众人"。

如此，一句"泯然众人"，应该可以概括很多人的隐痛。而化解的良药，大概就是走向自我怀疑，促进自我成长。

王维审

2020年1月9日

锤炼关注痛点的思维品质

年轻的老师：

上一封信里，我主要谈了归因问题，意在强调一个人正确归因的重要性。你在回信中问，想知道接下来到底该怎么办。那么我可以告诉你——在正确归因之外，你还需要具有痛点思维。所谓痛点思维，就是围绕着那些令自己不舒服的、不满意的痛点去思考，然后形成一种处理方案来化解困惑、改正不足，从而达到一种良性、舒适的成长状态。痛点思维的实现，大概需要以下三个基本环节。

发现痛点。 因为习以为常，很多人失去了发现痛点的能力。生活中，很多人都有过这样的经历：鞋子里进了一粒沙子，走路时脚部有点不舒服，甚至隐隐作痛，但因为当时不方便脱掉鞋子便没有及时取出来。时间一长，也就慢慢习惯，以至于感觉不到了。这种"习以为常"导致的"视而不见"，在某种意义上侵蚀着教师成长的根基。公开课与常态课"两张皮"现象由来已久，几乎所有人知道像公开课那样设计精致的课堂，才能带给学生更大的成长红利，却没有人愿意用公开课的方式去上常态课。原因是什么？设计公开课的过程需要付出太多，上常态课的过程太舒服。我曾经问过一位在教学上颇有造诣的老师，有没有想过像上公开课那样上好每一节课。他说，想过，甚至坚持过一两周。但是，当他发现周围的人都是那么"随意"上课时，就觉得自己没有必要劳神费力地去上每一节课，慢慢也就随了"大流"，放弃了对课堂教学效率的追求。

温水煮青蛙的故事告诉人们，相对于沸腾的热水，逐渐升温的水更容易让青蛙失去警惕。教师想在烦琐的教育实践中觉察到痛点，想在众人皆睡时保持独一份的清醒，需要的不仅仅是一种对慵懒的警惕之心，更需要始终保持清醒的专业能力。这份专业能力的获得，可以通过长期的阅读与写作来实现。阅读是一面镜子，可以在欣赏到他人的努力时看到自己的散漫，可以在唏嘘他人的不足时看到自己的影子；写作也是一面镜子，可以在文字的帮助下照亮自己的内心世界，以便清晰地发现自己的浅陋与无知。可以说，很多人的自我觉醒，就是因为读到了他人的成功，才发现了自己的成长痛点，才有了奋起直追的信心和勇气。他可以，我为什么不可以？很多痛点也许就是基于这样的反问，在某一个瞬间豁然感悟。

分析痛点。从理论上来说，发现痛点是一切改变的开始。因为痛点往往就是引爆点，有了痛点就有可能会产生改变的意识和行动。所谓的知耻而后勇，这里的"耻"指的应该就是人生困境中的"痛点"。但是，也有一种可能，那就是明知道自己的痛点，却不能产生积极有效的改变行动。就像前面提到的那位青年教师，他能够清晰感知自己的痛点——教学成绩不理想，却并没有找到提升教学成绩的路径，原因何在？没有对痛点进行合理归因。关于归因，美国心理学家伯纳德·韦纳将其分为三种类型：内归因，是指个体将行为结果归因于个人特征；外归因，是指个体将行为结果归因于外部条件；综合归因，是指个体将行为结果进行归因时，关注考虑内因和外因两种因素，进行综合评估。

在现实生活中，很多教师面对问题时容易出现归因不当的问题。比如，A老师在参加完优质课评选活动后，没有获得理想的名次，从而把自己失败的原因归于"比赛有内幕，我只是来做炮灰"。这种外归因容易导致当事者养成推卸责任的习惯，从而失去自我反思、自我纠正、再次努力的机会，是一种不可取的归因方式。通常来说，合理归因应该遵循以下原则：一是不主观臆断，要善于进行综合归因——对成功多进行外归因，多想想他人带给自己的帮助和环境带给自己的优势；对失败多进行内归因，要先从自己身上找原因，发现自己的不足和可改进之处。二是不为了归因而归因，要为了问题解决而归因——不过多归因于不可改变的因素，要尽量寻找那些可以改变的因素，并在可改变之处多思考、多研究。唯有如此，才可以激发自己的责任感，发现自我改变和提升的路径与可能。

化解痛点。人生的升华与绽放，大概都要经历三个过程：敏锐觉察，发现痛点；追根溯源，精准归因；知弱而图强，在软肋上寻求突破。再重新回到你的问题，若想在教育生涯中获得蜕变，你就应该在发现"教学成绩不理想"的痛点之后，多在自己的教学态度、教学方式和教学理念上进行反思，而不是归结于大家共享的教学环境。我们可以一起做一次这样的自我追问：面对同样的农村学生和学生家长，为什么其他教师可以获得好的教学成绩？同样的教学评价手段，为什么其他教师可以脱颖而出？在提高课堂教学效率方面，存在哪些不足和短板？我相信，经过一系列严谨的思辨，你一定可以找到自己的短板，并在补齐短板上竭尽全力、逆流而上。

"知弱"后的"图强"，首先要有的就是谋求改变的强大信心和勇气，然后就是改变的策略、方案和实践。关系大于一切，关系超越教育。基于这样的一份认知，你应该从彻底摒弃自己内心固有的、对农村学生的不信任开始，重新发现并珍惜农村学生身上所具有的独立、淳朴、坚强等优秀品质，试着从心里接受并喜欢自己的学生。如此，经过长时间的经营和努力，你终会获得一份牢不可破的师生关系，教学成绩也就会自然而然地发生"巨变"。说到底，你真正的痛点不在于成绩落后，不在于教学技能不足，也不在于教学技巧不多，而在于失去了一种关系，失去了对学生源自内心的尊重。

发现痛点，分析痛点，化解痛点。于教师而言，这既是一种十分有效的思维方式，更是一种切实可行的成长方式。

王维审

2020年2月2日

警惕看似积极的"假性努力"

年轻的老师：

这是我写给你的第三封信了。感谢你的信任，连续几天的时间里和我聊这么多的心里话。在谈及努力与成功的话题时，我觉得有些问题还没有探讨清楚，回家之后我觉得还有必要做些澄清，才不至于影响你的成长。正如你所言，在我们的身边总会有这样一些人，他们看起来十分勤奋，也会积极探索人生的各种可能，却始终不能获得足够令人满意的成长。当时，你问我原因何在，我的回答有些模糊。在经过细致思考之后，我似乎找到了更加接近真相的原因——他们大概是陷入了"假性努力"的怪圈之中。就"假性努力"的话题，我想先分享自己经历的一些事，以期能够回应你的分享，并从中发现一些值得发现的内容。

读初二的那年，在一个阳光明媚的周末上午，我坐在家门口的草垛上冥想了半天之后，忽然有了一个伟大的志向：绝对不能一辈子待在这个小村庄里，我要靠自己的努力成为一个响当当的大人物。虽然连自己将要成为怎样响当当的人物都没来得及想清楚，但我很明白要想冲出这个小村庄，唯一的路径就是好好学习，考上大学。于是，我跳下草垛，飞奔到屋里，把平时玩耍的刀枪棍棒等影响学习的物件，一股脑儿塞到破纸箱里。似乎有了一种壮士扼腕、誓与旧时自己划清界限的悲壮。然后，找来一块干净的旧布蒙在破损很严重的"书桌"上，把所有用过的课本整整齐齐码在书桌的一角，另一角则摆上为数不多的几本课外补习用书。当努力学习的外部环境基本布置妥当之后，我拿出一张漂亮的硬纸片，在上面工工整整地写下：从今天开始……后面就是详细的学习计划：几点起床，几点睡觉，每天比别人多做多少练习题，都被罗列得清清楚楚。

按照学习计划，第二天早晨我在闹钟的提醒下按时起床，那一天也确实完成了预定计划。但到了第三天，似乎就忘了自己要成为大人物的宏图大志，因为早起实在是太痛苦了。记忆中，类似的努力曾经在我的生活中多次重演，虽然每次的志向不同，坚持的时间长短不一，但无一例外，都夭折了。更为可悲的是，在每一次间歇性踌躇满志之后，我都会用更大的虚度来补偿那几天的"劳累"之苦，从而陷入更加颓废的虚度之中。当然，在每一次立志失败之后，我也会陷入不可名状的恐慌，时常为自己的懒惰和不争气而深深自责。但那又有什么用呢？战胜惰性是如此之难，平庸的我不得不在一次次努力之后退回到失败的原点。

其实，这就是一种典型的、自发式"假性努力"。一个"假性努力"的人，通常会热衷于立各种雄心壮志，但坚持起来往往只是"3分钟热度"。在我们身边，类似的努力并不少见。往往是，在忽然之间觉得读书很重要，于是便整理书桌、购买名著、制订读书计划，当一切最容易做到的基础性工作完成之后，读书的激情基本上也就开始慢慢消退了；也可能，在某一个时刻灵光一闪，觉得应该去写作，于是便创建博客、开通公众号，接二连三地写过几篇文章之后，便觉得写作好无聊，倒不如在办公室里聊八卦更为痛快。

为什么会有这种"假性努力"？也许，每个人都会从内心里对自己所处的生活世界感到不满意，也不能够心甘情愿地接受自己的平庸，却又缺少强有力的变革性行动，所以只能用这种近乎撒娇的方式，向自己的失败和生活的困顿表达出这种最接近温和的抗议。也就是说，我们所看到的努力，只不过是一种外在的表演，无能为力才是它的真实本质。

那么，真正的努力应该是什么样子的？

刚刚参加工作的那几年，算得上是我人生最为灰暗的日子。木讷、寡言、不善交际与沟通，这些与生俱来的人生瑕疵，不可避免地影响了我的职业生涯。因为"看起来不像当老师的料"，学校领导便妄自揣测，把我安排到了校办工厂，然后又被"贬"到最偏远的一所联中。在那段时间里，沉默、颓废、自暴自弃，慢慢成为我的特有标签。百无聊赖混日子的想法，再也不愿相信任何人的绝望，以及看不到未来的恐惧，充斥着我年轻的生命。

大概是第三年的教师节，镇里举行全镇的教师节表彰大会。自然而然，我"被迫"坐在台下，充当那种为别人鼓掌的人。在这种会议上，少不了优秀教师的典型发言。第一位发言的老师是小学教师，既然不认识也就和我没有什么关系，自然也不会用心去听。第二位发言的老师是吕自友老师，他与我同一年被分配到这所学校，年轻的我们有着一样的起点。他的发言深深刺痛了我，不是因为发言的内容，而是因为他作为优秀教师做典型发言这件事。在当时的意识里，代表全镇的教师在大会上发言，应该是一种很了不起的荣耀。而刺痛我的原因很简单：同一年参加工作，人家已经成了优秀教师，而我却还在偏僻的远方混吃等死。就在那个大会上，我在笔记本上写下了这样一句话：只有被刺痛，才有挣扎的可能。

人其实就是这样，一个与自己毫不相干的人，无论他获得了多么高的荣耀，都不会令我们不适或激动。而一旦自己身边熟悉的人，特别是曾经与自己处在一条起跑线上的人，通过自己的努力和坚持获得了成功，就很容易刺激我们产生试图挣脱现状的想法，甚至会激发我们改变现状、重新开始的斗志。吕老师的发言，促使我深刻反省了自己的懒惰，也开始强迫自己不再逃避现实。我决定改变，并拟定了自己的"三年计划"：第一年，争取回到中心校，成为有自己的学生和课堂的老师，站在三尺讲台上；第二年，认真学习和借鉴，成为学生和家长认可的老师，站稳三尺讲台；第三年，形成自己的教学特色，成为自己喜欢的老师，站好三尺讲台。

这个"三年计划"，看起来有些简陋甚至粗糙，设立的成长目标也拿不上台面，却实实在在地诱发了我的努力，激发了我最初的成长动力。虽然时至今日，我也没有机会像吕老师那样在全镇教师节表彰大会上做典型发言，但我确实是在这样一个计划的引领下，一步步走出了人生的沼泽地，不仅站上、站稳了三尺讲台，也尽可能地站好了人生的讲台。

现在回想起来，正是吕老师做典型发言这件事，让我受到了来自外部的一个正向启迪，然后产生了一些正向的行动，开始了一段真实而又接地气的努力。而恰是这份努力，唤醒了一个几近自我沉沦的生命，使我开始了一次又一次积极的努力。

很明显，这样的努力与前面的"假性努力"迥然不同，也是我们真正需要的努力。其实，接下来的问题就是：如何才能避免人生中的"假性努力"？

第一步，也是最根本的一步，就是放弃虚假的自我认知。人生最大的问题就在于看不清楚自己是谁，容易把自我无限度地放大，总觉得自己是为了"大任"而来。很多时候，我们根本无法看到真实的自己，习惯于用虚假的自我去构筑虚假的目标，从而为自己筑起宏大而不切合实际的梦想。这样的梦想，遥远而不可企及，自然就会诱发努力过程和方式的虚假。比如，早年的我坐在草垛上萌发出来的梦想，现在想来是那样的空洞可笑，应该就是这个原因。而在吕老师发言事件之后，我在真实地对比中看到了自己的懒惰与不足，也为自己找到了一个准确的目标定位，拟定出来的"三年计划"自然就是跳一跳就可以摘到的"桃子"。所以说，看清自己的不足，接受自己的不足，是真实努力发生的基础。

第二步，也是最关键的一步，就是放弃装腔作势的努力。很多人看起来很努力，但也只是看起来很努力而已，仔细辨别你就可以发现，那些努力里"装"的成分太重。所有的"装"，往往都是从努力的外围入手，不会触及本质上的东西。以读书为例，最外围、最容易实现的努力便是购书，所以很多人的装腔作势也大都会放在这一环节。轻点鼠标，一大堆各色书籍便进了自己的书房，然后发一发朋友圈，告诉大家：我要读书了。再之后，一时兴起读了几本，慢慢就忘了还有读书这回事。而读书最重要的、最需要实力的努力——坚持读下去，便成了最不可能的事情。于是，读书就成了一种装腔作势、一种姿态、一种摆设。

第三步，也是最重要的一步，就是放弃自我安慰式的假积极。有的人，一生都在积极的行动之中。今天听了一个讲座，感觉写作很重要，但写不上几篇文章；便又被另一个讲座吸引，开始去学习硬笔书法……就像漫画中的挖井人，每一个接近水源的坑，都没有被更深入地挖成井。爱好的频频更换，带来了应接不暇的忙碌，也带来了看起来很热闹的"假性努力"。更可怕的是，这样的努力会带来一种恶性的自我满足感——看，我做过这么多的尝试，足够努力了。然后，就有可能更加心安理得地去享受"假性努力"带来的满足感。

于每个人而言，人生都是第一次，都不会有太多的经验让别人去借鉴。但是，我们可以在自我的一些经历中去对比、甄别，从中选取出那些积极的、有益的行动和努力，作为人生的一种可能，从而去掉那些看似积极的"假性努力"。

王维审

2020年2月18日

相信每一分努力的力量

《警惕看似积极的"假性努力"》这封信在专栏发表后，有一位读者费了很大周折加了我的微信。他说，他是一个很认真、很努力的老师，并且他的努力是那种真真正正的努力。但是，他一直觉得自己的付出没有得到相应的回报，至少没有为个人发展带来多大的改观。然后，他举了一些例子说明了一种现象：一些平时并不努力工作的人，因为热衷于经营人际关系，往往轻轻松松就拿到了很多荣誉奖励。每当看到这些"投机"分子比勤勤恳恳工作的老师还早晋升职称职务，他就不由自主地开始怀疑努力的意义和价值。在最后，他问："王老师，在这样的环境里，有了真实的努力就一定能够成功吗？"

年轻的老师：

你好！我相信，一定有很多老师也有类似的困惑，甚至是愤懑。其实，承认这种现象的存在，并不影响我们发自内心地去相信努力。首先，从更广阔一些的范围来看，这种现象只是个别现象，并不影响教师成长的大生态和主流方向，就像不能因为一棵树的腐朽而放弃整片森林一样，我们应该充分相信教师成长环境的良性与正向。其次，从个人意志力建设的角度来说，环境的优劣不应该成为一个人进取或颓废的理由，无论在什么样的环境下，我们都应该满怀热情地相信这个世界的阳光和公正。甚至可以这么说，环境越是恶劣，我们的坚强就越值得。最后，从个人信息取向上来看，我们可以试着换一个视角来看世界。可以多看看那些始终在努力的普通人，多观察那些逆袭的草根，以及那些始终倔强成长的人；可以多留意那些光明磊落的成功者，多关注他们成长的过程以及表现出来的可贵精神。这些才是最值得我们去学习和借鉴的，才能带来更多的积极暗示和正向鼓励。

谈到这里，倒是让我想起了苏东坡与佛印的故事。一天，苏东坡与佛印在一起打坐。苏东坡问："你看我像什么啊？"佛印说："我看你像尊佛。"苏东坡听后大笑，对佛印说："你知道我看你坐在那儿像什么吗？就活像一摊牛粪。"苏东坡回家在才女妹妹苏小妹面前炫耀这件事。苏小妹对哥哥说："就你这个悟性还参禅呢，你知道参禅的人最讲究的是什么吗？是见心见性，你心中有，眼中就有。佛印说看你像尊佛，那说明他心中有尊佛；你说佛印像牛粪，想想你心里有什么吧！"

见心见性，这是个很值得我们去感悟的道理。为什么我们看到的都是"投机"分子？为什么我们总是看到"黑暗"的一面？这可能映射出我们的精神世界建设还存在着缺陷，内心还不够敞亮，我们的定力还不能够保证自己习惯于去正视美好的东西。所以，解决这个问题的根本还是要放在自我改变上，要想办法去建设一个强大的精神世界，让它足以抵御心灵上的黑子，像太阳一样虽然带有缺陷，却仍能光芒四射。我们需要这样的光芒，也需要这样的世界观。这样的建设需要拥有一种坚定的信念，要毫不犹豫地相信一些东西，相信这依然是一个努力就会有回报的时代，笃信每一分努力都不会被辜负，相信瑕不掩瑜。然后，我们就有能力好好地建设自己，骄傲而自信地去过自己想要的生活。

至于努力与成功的关系，我觉得有一句话很有道理：努力不一定会成功，但放弃一定会失败。为什么努力不一定会成功呢？因为成功是由很多因素综合在一起才可以实现的，除了努力之外，还有方向、坚持、学习力、机遇、关系等。特别是方向，如果方向不正确，就可能会出现越努力越尴尬的情况。所以，成功的三要素可以概括为：正确的方向，坚持不懈的努力，良好的机遇与关系，其中最为重要的是前两项。

我给你的最后建议是：相信努力，然后坚定地去努力！

王维审

2020年5月8日

顺利度过成长中的"蘑菇期"

　　我是一位新上岗教师，入职一年来心里积攒了很多很多的委屈：有的家长不信任我，总是千方百计地把孩子转到别的班级；有的学生不信任我，总是拿我与原来的老师相比；学校里有的领导不信任我，明明是自己争取的机会却给了别人；有的同事不信任我……因为年轻，我总是得不到他人的信任，在工作中凭空多了不少阻力和不如意，我不知道这种状态会持续多久，也不知道该如何去面对这种现状。

年轻的老师：

　　你的这种感受，我在作为新人刚入职时也曾有过，也曾因此而迷茫、困惑甚至痛苦。作为过来人，我愿意和你聊聊如何突破这个特殊的成长瓶颈期。首先，我想分享一个对我影响至深的心理学现象——蘑菇效应。蘑菇效应是说，蘑菇长在阴暗的角落里，得不到充足的阳光，也没有充足的肥料，只有长到足够高的时候才有可能开始被人关注，可此时它自己已经能够接受阳光了。蘑菇效应形象地诠释了多数人入职初期的工作经历：一个刚参加工作的人总是要做比别人多的事情，也要多经受一些困难和波折，而且得不到重视。当工作一段时间后，如果成绩突出，他就逐渐开始被人关注并得到重用；如果工作成绩不突出，就开始逐渐被边缘化，甚至被人遗忘。在职场上，新入职人员成长经历中不被信任的这段时期，通常被人们称为"蘑菇期"。

我想，此时此刻的你或许正在经历这样一个特殊的时期，对于你和所有的新教师来说，顺利度过"蘑菇期"，不仅意味着能够迅速适应职业角色，也在一定程度上影响着整个教师职业生涯的起点和未来。所以，我想给你分享以下三点经验，希望能够对你有所帮助。

正确看待"蘑菇经历"。首先，你要意识到入职初期被人怀疑、不被重视的"蘑菇经历"属于正常的成长过程，是绝大多数人都要经历的成长阶段。作为一名新教师，只有接纳这一阶段的存在，并能够从内心深处真正理解这个阶段的特定价值，才有可能摆正心态，坦然面对。在我看来，"蘑菇经历"并非是人生的磨难，也非成长的阻碍，从另一个意义上来说，它是朝阳蓬勃而出前的积极蓄力，是璞玉光彩夺目前的砥砺打磨，更是人才脱颖而出前的必要历练。任何人都不可能一出生就自带光环，我们现在所能欣赏到的每位名师，必定都有一段默默努力的青葱岁月。其次，蘑菇效应强调的核心，是在低潮时期能保持足够的激情，积蓄足够的力量支持人生的前行，最终成就一个强大的自己。这就需要每个人都学会调整心态，用理性使情绪平和，用岁月去锤炼内心。具体来说就是不怨天尤人、自暴自弃，对未来始终抱有足够的希望，对成长充满激情和信心，要始终相信终有一天会挨过这段难熬的日子，自己也会走在岁月清香的人生大道上。总之，我们必须要记住一个简单的道理——岁月在取悦你之前，一定会先用磨难来教导你。

理性践行"蘑菇法则"。只有耐得住黑暗，才能见得到阳光。这是蘑菇效应呈现和揭示出来的基本法则，也是其提供的行动准则。对于教师职业来说，本就不存在"黑暗"之说，只是在成为合格教师之前需要一段负重的前行，存在一份因陌生和忙乱导致的被动成长。当我们能够清醒而坦然地接受这段"蘑菇经历"时，接下来需要思考的就是如何度过这段"蘑菇期"，也就是在"蘑菇期"内应该如何去努力。我想，基于"蘑菇法则"的实践行动大致需要三步：第一步，明确自己的成长方向。只有被目标吸引的教育行动才无暇在意他人的目光，立下大理想，细化小目标，按照自己的职业规划定下一个个需要攻克的小堡垒，然后慢慢突围、逐个击破。第二步，专注于自我成长。让自己尽快脱颖而出是摆脱困境的最佳选择，动嘴、动腿、动脑，多向经验丰富的教师请教为师之道，多借鉴模仿优秀教师的特色做法，多反思自己存在的问题并思考改进的方法。第三步，保持必要的激情和热情。不仅对教育本身保持热情，还要对人际关系保持良性互动，倾尽全力获得尽可能多的支持和帮助，争取到在"蘑菇期"内最好的成长环境。

积极内化"蘑菇精神"。 "蘑菇精神"的核心主要包括三个方面：不抱怨、不气馁、不轻易放弃的韧劲；不好高骛远、不急于求成、脚踏实地的干劲；默默前行、厚积薄发、昂扬向上的冲劲。恪守这样的一种"蘑菇精神"，就可以忍得住必须要面对的不顺和煎熬，在历经锤炼和雕琢中慢慢褪去碌碌无为的外壳，实现人生的深度蜕变。人在困境之下会有三种选择：第一种是随波逐流、自甘堕落，这种选择最容易，最不耗费力气，其结局也最为糟糕，需要用一辈子的碌碌无为来清偿；第二种是愤怒攻击，将全世界列为自己的敌人，时时处处与周围的人过不去，满身是刺地战斗一生，这是一种悲剧；第三种是发奋努力、自强不息，期望以自己的成功证明他人的误判。在这三种选择中，第二种最为糟糕，却又时常可见。有的新教师一旦遭遇一丁点儿"委屈"，便会漫天漫地地怨天尤人、怒气冲天，仿佛全天下的人都对不起他，甚至将全世界都列为自己的敌人。在愤懑与焦躁中，工作无法深入，教学无法安心，慢慢就会偏离正常的成长轨迹，逐步被主流群体边缘化，成为学校中可有可无的"闲人"。这样的年轻教师并不在少数，究其原因就是缺少了对"蘑菇精神"的认知和内化，缺少了精神世界的顶层设计与建设。

其实，无论任何人都会不可避免地面对一些突如其来的不如意。这个时候，我们最需要的就是像蘑菇那样，淡淡站立、默默努力，坦然而有力地追逐远方，直到可以独立地见到太阳和更远的未来。

王维审

2021年2月14日

追求有"规划感"的教育生活

> 我是一个只知道低头拉车不知道抬头看路的人，不知道设计自己的职业规划。我的身边的确有一些精于算计的人，他们做事情的目的性都特别强，甚至会规划出自己哪年应该"混到"什么样子。现在看来，他们得到的的确也比我多，难道我也要去学他们吗？

年轻的老师：

首先，纠正一个问题，职业规划与精于算计并不是一回事，两者之间有着本质的区别。然后，我想聊一聊咱们都有过的感受。可以说，在2013年之前，我的职业生活充斥着随遇而安。一些偶然的机会才让我知道，身边的人和我有些不大一样，他们各自有着自己的小计划，将人生安排得精致而又有序。

暑假的一个夜晚，我和一位教师在学校值班。值班室里燥热无比，我们便到操场上乘凉。夜深人静，似乎会让人多出很多倾诉的欲望。这个平时不太喜欢与别人打交道的同事，在那个晚上谈了很多自己的追求。他说他整理了自己已经获得的证书，然后与教学能手的评选条件做了对比，罗列出了一系列下一步需要努力去做的事：在几年内争取参加一次什么级别的优质课评比，几年内获得一个什么级别的课题立项，等等。那一刻，我忽然觉得我们是两个完全不同世界的人，他很明白自己要去争取什么，也懂得应该如何去争取。而我呢？没有明确的追求，没有具体的目标，教着自己的课，忙活着自己的班级，解决着眼前或大或小的问题。在那个时候，我的眼睛始终盯着的是脚尖的位置，从来没有朝前多瞅过一米远。每天所想的无非是怎样上好下一节课，怎样把学生的作业一本本批改完，怎样把自己一天经历的事情写成小文章。

　　还是一个夜晚，我照例坐在教室里看着学生上晚自习。邻班的一位年轻老师招手叫我出来，我们趴在教室门前的护栏上聊天。他问我为什么工作这么多年还没有调到城里去，并一再强调这么优秀的老师留在这个农村学校太可惜了。我笑着看他，看他那一脸的不理解。他开始聊自己的人生打算：两年内想办法离开农村学校，五年内争取成为学校中层干部，十年内"混到"学校高层……实在不敢想象，侃侃而谈的他只是一个刚刚毕业不过两年的老师，这份自信与缜密让我自愧不如，甚至有些汗颜。在写这篇文章时，我又想起了这位年轻教师，当然，现在的他也已经不算年轻。他的人生打算好像已经实现了一部分，调到了城里的一所名校，也成了一名中层干部，只是当校领导的愿望好像还没有实现，并且时间已经过了十几年，也早已超出了当时的时间预算。我不知道他的未来是什么样子，但至少他比我早好多年离开了农村，到了一个更好的平台，也有了新的发展。

　　天天埋头教学，将自己完全沉浸于教室中，甚至未曾注意过身边人的慢慢"逃离"。毕业14年后，我忽然发现与自己一起分配到这所农村中学的50多位老师已经所剩无几，留下来的几位都是因为家庭原因已经不再打算调动。这个时候我才感到，所谓的后知后觉，所谓的总是慢半拍，也许并不仅仅是因为能力和机遇，更可能是因为缺少了对未来的规划。就像前面提到的那两位同事，我们且不去讨论他们的追求是不是高大上，也不必去深究他们的想法是不是太过现实。我们只需要看到一点，那些或精致或粗糙的现实目标，在成长过程中的的确确起到了牵引和推动的作用，也让人生多了很多具体的美好、微妙的亮光。

2013年，我的工作有了变化，相比于在一线时的忙碌，多了很多清闲和自由。再也没有需要按时去上的课，再也没各种各样的工作推着我往前走，生活似乎因为失去了动力而变得散漫无光。漫无边际地混过一段时间的"机关生活"后，我忽然觉得自己需要做一些规划，让自己的工作和生活变得具体而可控。就在那一年的年底，我做出了一个两年规划：利用两年的时间（2014—2015），梳理自己十几年的实践经验，整理留下的700多万字的文章，系统阅读50本理论著作。紧接着，我把自己的目标分解到具体的月份，甚至具体到每一周，把时间表放在自己经常活动的所有空间。两年后，我借助理论的支撑，从自己一线实践经验与留存的文字中慢慢提炼出了自己的两个理念：一是"觉者为师"，这是我对教师专业发展持有的基本理念；二是"叙事教育"，这是我从实践中提炼出来的核心教育理念。

为了更好地解读和建构这两个理念，我又做了两个"五年规划"：第一个"五年规划"（2016—2020），希望在这五年里能够出版一系列关于教师成长的著作，完整阐释"觉者为师"的教师成长主张；第二个"五年规划"（2021—2025），希望在这五年里能够出版一系列关于故事与教育融合的著作，系统建构"叙事教育"的理论体系与实践策略。到现在，第一个"五年规划"已接近尾声，我也超额实现了规划的目标和任务，先后出版了《寻找不一样的教育》（2016年出版）、《做一个不再困惑的老师》（2017年出版）、《推开教育的另一扇窗》（2018年出版）、《成为更好的老师》（2020年出版），形成了"觉者为师"套系。同时，完成了"叙事教育"系列的第一本书《做有故事的教育》（2019年出版），算是提前进入了第二个"五年规划"。

在履行规划的这七年中，我对"规划"有了新的理解和认知。在此之前，我总觉得"规划"不可避免地会带有功利和世俗的气息，会让人产生为了某种利益而努力的感觉。其实，人生是需要规划的，因为规划是对生命的系统思考，合理的成长规划不仅可以让人获得更为丰足的现实收获，也可以帮助我们实现思想上的登高望远。所谓的"人无远虑，必有近忧"，也许谈的就是规划——对人生的规划，对教育生活的规划。

王维审

2020年11月11日

幸福是比成功更重要的追求

> 一位青年教师给我发来一封电子邮件，在有些客套地讲了很多对我的文章的欣赏之后，"顺便"谈到了自己为成功所做的种种努力，以及遭遇到的诸多失败。在文中，他袒露了自己对成长和成功的渴望，并毫不掩饰地讲到了自己的苦闷和焦虑。最后，他问了一句："我什么时候也能够像您一样成功？"

年轻的老师：

你好！这样的问题我听到过很多，几乎在每一次讲座之后都会有人这么问。但是，这个问题又实在是无法回答。首先，我这个人并不优秀，甚至算不上突出，至少在现今的教育环境中我只能算是一个畸形成长的教师，所以我也不知道成功到底是种什么样的滋味。其次，我并不主张青年教师过于热衷对教育成功的追逐，特别是对名师的过分膜拜，因为那很容易让自己迷失方向，失去教育的朴素之美。

在现行的教育评价制度下，一个教师所谓的成功往往表现在特级教师、名师（教学能手）等荣誉上，而这些荣誉的取得往往需要业绩证件的累加。在这些作为"材料"的证件中，教学技能性的证件占绝对优势，讲课比赛就是其中最为关键的东西。几乎在所有的综合评选中，具备某级讲课比赛证书是必不可少的"硬件"，所以参加各级讲课往往就成了教师全力以赴的"终生追求"。但是，既然是比赛就会有获奖名额的限制，能够取得不错比赛名次的人毕竟是少之又少。再加上一些教师自身素质的先天不足，很多人终其一生也未必能够获得级别较高的课赛机会，更别说获奖了。课赛，往往成为部分人竞技和展示的"特权"与"专利"，也成为绝大多数教师痛心和痛苦的根源。

往深了说，一个教师在讲课比赛中获胜，未必就意味着他的教学水平达到了什么样的高度。除去大家共知的讲课比赛是"一群人托着一个人上墙"的现实外，单就现在讲课比赛的评价来看，讲课比赛过分关注了技能的甄别，把艺术性很强的教学当作技能来评价，这本身就是对教学的一种误解。技能大赛、能手评比这些工业生产的名词在教育领域的蔓延，导致很多教师除了会拼命追逐分数以外，还拼命"修炼"教学的技术，以至于要具体到某句话怎么说，某个环节怎么过渡，某个问题让谁来回答，某个时候谁举手、谁鼓掌，某个学生提哪个问题……如此，教师的视野就会变得越来越窄，视线就会聚焦在太过于具体的程序、套路上。更重要的是，对这种成功的过分热衷，会让教师对自己太苛刻，对成长太焦急。很多教师总是"不知所终"地不断向前追赶，忘记了对自己生命惬意和富有诗意的眷顾，从而把自己推到了一个狭隘无比的领域：就教学而教学，就技术而技术。全然忽略了教育更加广阔的价值，抛弃了教育的生命意义和意蕴。

我还是建议老师要多读点书，多写点文字，多思考一些教育以外的问题。因为我坚信，一个不具有开阔视野和公共关怀的教师，在学科的教学上也不可能好到哪里去。每年的课赛获得一等奖的人那么多，留下痕迹的却寥寥无几。如果细观这些"寥寥无几"的人，他们除了有高超的教学技能以外，大多还是阅读的杂家，不仅读教科书、教参、教案，还读哲学、经济学、文学；大多还喜欢写作，不仅写论文、专著，还写随笔、故事，甚至文学作品。这些爱好，看似与教育无关，却让他们有了丰盈的情感、丰厚的底蕴、开阔的视野以及继续行走下去的勇气与支撑。可以这么说，一个教师要想真正成为名师，绝对离不开阅读和写作，因为那不仅是对教育技能的高度浸润和提升，更是对人生意义的一种抚慰。

我很欣赏李镇西老师的一个观点："一个教师，是否'优秀'不是最重要，是否'卓越'更无关紧要，最最关键的是，是否'幸福'！因为'优秀'教师是有限的，而且往往和机遇甚至人际关系有关。"如果一个教师把对这种"优秀"的追逐当作自己成功的唯一目标的话，得到的很可能是"徒伤悲"的怨天尤人和无穷尽的痛苦。时间久了，就会倦怠，就会放弃，就会随波逐流。

因而，对于教师来说，未必非得在教育里辟出一个很大的舞台来展示自己的缤纷和靓丽，也未必要站在高处炫耀自己的成功和伟岸。假若，你能够见微知著，在细小的获得中品尝出教育的甘甜，比如家长的信赖，学生的依恋；在细微的光亮里看得见未来的温暖，比如一篇小文的发表，一个学生的进步；在细致的沉静中觅得人生的充实和从容，比如在静静的夜里读一本闲书，在悠闲的午后有一次慵懒的小憩。这其实就是一种最真实的职业幸福，是一种比成功更重要的职业追求。

古今中外，凡成大事者，都具备"不以物喜，不以己悲"的豁达，都坚信"非淡泊无以明志，非宁静无以致远"的人生信条。他们经得起诱惑，耐得住寂寞，无论在怎样嘈杂的环境中都可以按照自己的方式行走。作为青年教师，你一定要把"戒躁"作为人生的守则，不以追求单纯的成功为人生乐趣，要学会在坦然中走向深远。如此，成功或许就会成为幸福人生的馈赠品，在不知不觉中降临到你的生命中。

王维审

2018年5月16日

第二章

能力修炼：
绕开成长路上的误区

　　人的成长，终究要在与自己的斗争中实现。不断发现自己的弱点、缺点和盲点，坚持在自己的问题和不足处深耕，咬牙与自己的怯懦和无知较劲，才能够让教师从碎片、短视的浅表性成长，慢慢走向长程、深刻的循证性成长。

打破"自我设限"的藩篱

一位青年教师说，因为自己的班级管理成绩突出，学校领导让他在班主任大会上分享班级管理经验。他却无法说服自己面向众多教师"演讲"。他说，自己在面向学生时可以侃侃而谈，面向自己的同事时就缺少勇气，总感觉自己不够"分量"，难以服众。他想知道应该如何改变自己的"怯弱"。

年轻的老师：

准确地说，这不是"怯弱"的问题，而是一种自我设限行为。自我设限理论源自一个著名的"跳蚤实验"：有一位生物学家往玻璃杯里放了一只跳蚤，跳蚤很轻易地就能够跳出来，因为它能够跳的高度是自己身体的400倍左右。如果在这个杯子上加一个玻璃盖，跳蚤就会撞到这个玻璃盖上，多次重复以后，把玻璃盖拿开，你会发现跳蚤已经不能跳出这个杯子了，它弹跳的高度正好是原来盖盖子的位置以下。这种现象，被我们称为"自我设限"。

具体到人的成长，自我设限的核心特征可以表现为：人在面对一项挑战时，有时会预先产生一个明确的消极性结论，然后再去找无数理由去证实这个结论。刚刚参加工作时，我曾经参加过一次区级优质课评选。在试讲时，我忽然为"要不要板书"纠结起来：如果板书，我的字写得很难看，会不会影响课堂质量？如果不板书，会不会被评委认为教学环节不完整？最终，我决定不板书，因为自己的字肯定会被评委嘲笑。并且，我还为自己找了一些看起来很有道理的"理由"——教学课件上都已经有了全部板书内容，何必再在黑板上重复写一遍呢？说不定我这个还算是创新呢！后来，这件事经常被教研员拿来作为反面教材进行批判：有的老师竟然会在讲课过程中忽略板书——没有板书，算什么课呢？

　　为什么在事情还没有发生之前，我们就已经产生了负面想法呢？原因在于，我们每个人都笃定自己在某些方面会存在天然的薄弱，久而久之就会在内心给自己设置一个限度，默认一个发展或成长的"高度"，并时常暗示自己：越过这个高度是不可能的！如此，当所面临的事情涉及自己的短板领域时，我们就会条件反射般冒出"我不行""我做不了""我肯定会失败"诸如此类的想法。于是，我们开始不再想方设法去追求成长，而是一再降低对自己的要求。更为可怕的是，这种自我设限会时时出现在我们的职业生涯之中，不断敲打并矮化我们的激情与斗志，让越来越多的教师失去成长的意识和可能。可以说，自我设限不仅是教师职业发展的障碍，还会拖累人生进取，亟待我们纠正和改变。

　　要善于建立成长型思维模式。卡罗尔·德韦克在《终身成长》一书中认为，人们获得的成功并不仅仅由能力和天赋决定，在追求目标的过程中展现出来的思维模式更为重要。书中介绍了两种思维模式——固定型思维模式与成长型思维模式，分别概括了人们应对成功与失败、成绩与挑战时的两种基本心态。固定型思维模式认为，人的能力是固定的，人们所做的种种努力不过是在予以证明；成长型思维模式认为，人的能力是可以改变的，可以通过后天努力不断获得培养。也就是说，一个人的生命成长，不在于先天因素，也不在于外力的多寡，关键在于你拥有怎样的一种思维模式——是满足于现状、旨在规避失败的固定型思维，还是以努力为志向、不断寻求挑战机会的成长型思维，其决定了你在成长的道路上能够走多远。

要学会在薄弱处建立自信。自信是什么？自信就是有勇气敞开心扉去欢迎新的变化和想法。我们通常会在自己所擅长的领域获得自信，却很少能够在不擅长的领域拥有自信。这就需要我们尝试在薄弱处进行努力，变薄为厚，变弱为强。具体来说就是接纳自己的不完美，正视自己的不足之处，想办法把自己的劣势拉平，甚至成为新的优势。我曾经见证过一位普通话不标准的老师，坚持跟着《新闻联播》的播音员进行练习，几年后练就一口标准的普通话，从而突破了个人专业发展的瓶颈，在高级优质课比赛中频频获奖的经历。同时，在应对突发的状况时，我们还需要一点阿Q精神——我不行，别人也不会好到哪里去，也许大家都差不多……以此来提升突破当下的勇气。如此，一旦有了好的开端，就有了走下去的可能。当然，自信的获得主要还是要依靠微小的进步和成功慢慢垫起来。珍惜行走过程中的每一个小成功，让它们在自信的天平上加上一个个小砝码，慢慢也就有了坚定的信心和勇气。

要相信世界会为努力的人让路。人生的很多放弃，大都源于这种对未来某个具体情境的担忧和恐惧。在没有开始之前，我们往往会预设很多的困难，这本身并不是问题。倘若我们的预设是为了更好地解决困难，提前做好解决问题的方案，可以算是未雨绸缪，是具有远瞻品质的思考。假如我们的预设是为了说服自己放弃，是为自己的怯弱寻找理由和依据，这样的预设就是负向的障碍。我不禁想起了韩国最年轻的前国务总理金台镐曾说过的一段话："我身为牛贩的儿子，既没有钱也没有权。我做任何事情，仅凭自己坚定的信念，并为之付出努力。我想告诉年轻人，别害怕失败，只要你知道自己想去哪里，世界都会为你让路。"

其实，在学习与成长的道路上，可怕的不是遇到限制，而是在没有遇到限制时，自己给自己设了限。更可怕的是，我们因此被打倒在地，放弃了努力。

王维审

2018年1月27日

努力挤进一个很上进的圈子

> 我经常听人说，近朱者赤，近墨者黑。工作后领导也总是告诫我们：选择进入什么样的圈子，选择和什么样的人在一起，就决定了你能够走多远。您是怎么看待这些观点的呢？这些外在的因素真的会对人造成这么大的影响吗？

年轻的老师：

类似的话和观点，我也经常听到。在谈我的观点之前，我想先聊一聊我的儿子。我的儿子有一个习惯，吃水煮蛋的时候从来不吃蛋黄。这个习惯源于他小时候的一段生活经历。他出生的时候，我们住在乡下老家，直到他上小学，我们才搬到镇上的生活小区。因为我们需要赶到离家十几里地的学校上班，所以他大量的时间就与我的父亲母亲生活在一起，一日三餐都是跟着他们吃。

我的父亲喜欢养鸟，多的时候养了30多笼。在那个很小的院落里，鸟笼的摆放都是立体模式，需要上上下下摆上好几层才能够勉强放下所有的鸟。父亲的养鸟经验很丰富，特别是对刚刚孵出的幼鸟，更是有自己独到的一套养育秘诀。这其中最重要的养鸟法宝，就是他亲手制作的鸟食，据说对鸟的身体发育极为有效。鸟食的做法其实很简单，就是把买来的成品饲料与搓碎了的鸡蛋黄掺在一起，然后用力搅拌均匀，就成了颇具营养的高级鸟食。

在那几年里，父亲每天都会煮上一大盆鸡蛋，然后把蛋白和蛋黄分开——蛋黄喂了小鸟，蛋白就留给了自己的孙子吃。自然而然地，儿子对鸡蛋的认知就是水煮蛋好吃，而吃水煮蛋就是只吃蛋白。慢慢地，这竟成了他的一个饮食习惯，或者说是生活上的一个癖好。直到现在，每次吃水煮蛋的时候，儿子依然需要把蛋黄彻底清理干净，一点儿蛋黄碎渣都不能存留。

今天与儿子一起吃饭的时候，他习惯性地又把蛋黄放进了我的碗里。我们聊起了他的这个习惯，也聊到了在乡下老家吃蛋白的那段时光。儿子说："小时候吃水煮蛋吃的就是蛋白，吃久了也就习惯了蛋白的味道，而对从没吃过的蛋黄无形之中竟然心生排斥。"你看，一个人喜欢什么东西往往是在品尝过、经历过之后，而不喜欢什么东西则未必需要亲自去验证，单凭着想象就可以做到。

很多习惯大都是如此。长期坚持做一件事情，这件事情就有可能会成为生活的一份欢喜，而那些从未敢去尝试的东西则可能沦为自我的一种畏惧。而无论是欢喜还是畏惧，久了，也就成了习惯。我经常听一些年轻教师谈论成长，通常的说法是——我也愿意去成长，可总觉得那是一件很难的事情。我很想问问他们：你去做了吗？如果做了，你坚持了吗？如果坚持了，你坚持了多久？

如果有成长的愿望，就应该毫不犹豫地去成长，并且坚持下去直至成为一种习惯。否则，你就可能会养成另外一种习惯——坚定地以为成长很难。就像我的儿子虽然从没有吃过蛋黄，却认定蛋黄是一种不值得喜欢的食物。

其实，成长这件事难的是迈出第一步，更难的就是坚持下去。

最近，"叙事者"公众号在做一个《讲述》栏目，专门刊发团队成员撰写的成长故事。阅读这些故事，你会找到一些关于成长的启示。

安徽霍邱县的焦娟老师是一位有着22年教龄的农村学校教学骨干，她像绝大多数中年教师一样，历经过拼命教好学、努力讲好课并且"战果"很丰硕的辉煌时期，也同样面临过职称晋升受挫、选调失败等现实的尴尬。当付出与收获无法对等时，当理想与现实无法契合时，大多数人都会选择随波逐流，甚至因此而灰心丧气，一步步走向倦怠和沉沦。也就是在此时，她看到了董艳老师，一位一直在她身边默默成长、暗放芬芳的"小老师"。董艳老师的文字人生及其超脱世外的洒脱，对焦老师产生了巨大的影响。也正由此，焦老师决定自己也要像董艳老师一样用平常心对待教育生活，用文字营造一份属于自己的自由天地。其实，在人生的关键节点，你看见什么很重要——看见了美好，你就会走向美好。

山东省荣成市的毕乐春自诩是一位到了"老太太年纪"的老师。用她的话说，"在余下的岁月中等着行将就木的日子，将是怎样的一种无奈和悲哀"。她想对抗生命衰老的自然规律，却又自感岁月不饶人。这个时候，"雪梅读书写作团队"的刘兰芳老师出现在她的生活里，极力鼓励她加入这个团队。几经推托，最终没有拗过刘老师的执着，毕乐春勉强答应先试一试，找找感觉。进入团队后，她被团队成员们追逐成长的韧劲、逼自己成长的狠劲和抱团成长的团结劲所感染，下决心一定"不会放弃与岁月斗狠的机会"，继续用成长丈量余下的生命时光。你看，遇见一个人就有了新的开始，遇见一个团队就有了坚持下去的动力。

其实，对于绝大多数教师来说，内心里一定埋藏着一粒愿意成长的种子。只不过，岁月的匆忙与生命的琐碎很容易让人选择忘却，忽略了给种子生长的可能与机会。这个时候，往往需要一些人、一些事，在恰当的时候给出一份暗示甚至是敲打，才有可能唤醒那粒种子。

每个人在生活中都会养成各种各样的习惯，也都会逐渐习惯于某种固定的生活状态。所谓习惯，其实就是生活中无意识的一种固化，这种固化的形成大多是因为生活中有着过多的沿袭和重复，有着过多的封闭和自我。打破这种习惯的最好方法，就是把生活的大门打开，让更多的人和事参与到自己的生命中来。

由此可见，一个人生活在怎样的环境里真的很重要。一个活力、激情而又乐观的工作环境，足以让你精神振奋，变得阳光而倍感温暖；一个充斥着颓废、僵硬和腐朽味儿的空间，足以扼杀一切理性和行动。所以，我们说，一个人想真正获得不竭的成长，除了自身的坚持，还需要努力挤进一个很上进的圈子。如果不能，那就让自己一直处在向里挤的路上。

王维审

2020年4月5日

克服无聊感的三项行动

我经常告诉自己，如果有了一大把的闲散时光，我将会：

把落下的备课赶上，再提前备好一个月的课，再也不做那个落在后边备课的人；

把那些因为匆忙而粗制滥造的工作计划撕掉，重新做一份有质量、有水准的计划；

把那些想读而没有时间读的书读完，然后再把应该读而不愿意读的书"啃"起来；

把那些想写却没有时间写出来的故事和经验写出来，也许可以写成一本书、一个系列；

……………

而现在，当一场疫情突发而至，我终于有了一大把属于自己的"悠闲时光"——不用早起，不用上班，天天宅在家里。但是，当一大把的时间攥在自己的手里时，我又做了些什么呢？睡觉，无节制、无头无尾地睡大觉；刷手机、刷电脑，漫无目的地点击没有营养的文字和视频；发呆、发愣，脑子越来越混沌、越来越空虚。一天的三餐变成了两餐，甚至有时是一餐；白天和黑夜颠倒了个儿，在白天的时间里做着夜晚的梦。偶尔，也会对自己的生活不太满意，也试图做过逃离的努力和挣扎。可是，无聊的魔力太大，我已经失去了打发掉它的能力。以至于，我现在连逃离空虚的愿望和想法也快没有了。我该怎么办？

年轻的老师：

很显然，你缺少应对闲散时光的经验，更没有与之相匹配的能力。那么，面对悠闲与绵延的时光，我们需要些什么？我想和你分享一点想法。

一个完整而系统的成长主题。造成空虚的原因，大都是心中无目标。这一次，我们拥有的时间实在是太多，所以需要一个支撑全程的中心任务，也就是要为长期闲暇定下一个比较恰当的成长主题。毫无疑问，这个主题的基调应该是需要与喜欢——做你需要做的事情，实现你喜欢的心愿。比如：一本书的写作计划，或者一个系列的写作计划；几个单元的备课任务分配，或者是一个学期单元练习题的设计；一个课题研究项目的开展，或者一个科研主题的深入。有了这样的一个成长主题，我们就可以开始规划具体的日程，也就是我下面要说的"作息计划"。

一份细致而周全的可行计划。在链条的主导之下，真正可以触摸的是那种小而具体的一日计划。类似于：几点起床，几点休息；这一天要读哪本书，大概读到哪一章节；这一天要写几篇文章，大概写到多少字为止；这一天是打扫家里的房间，还是整理书橱、摆弄衣橱；这一天听一组怎样的歌曲，看几集怎样的电视连续剧……计划越具体，可供操作的系数就越大，精力和注意力被调动的可能性就越强。当然，这份计划里所列的事项要以上面的成长链条为主，在主链条之外再安排一些可以丰富成长的其他要素。这些要素的搭配其实很重要，必须做到统筹兼顾——要有文的，也要有武的；要有脑力活，也要有体力活；要有安静的，也要有热闹的。如此，才可以让生活起起伏伏、跌宕有趣，而不是波澜不惊的，如一潭死水。

一种持久而强大的支撑力量。其实，计划也好，规划也罢，都是很容易做出来的东西。其瓶颈与阻碍在于你怎样能够把计划落实下去。说起来容易，做起来难，坚持下去更不容易。抵抗惰性，对抗慵懒，凭一己之力往往很难实现。因为每一个人都善于说服自己趋向安逸，很少有人可以逼迫自己迎难而上。即使有，坚持一两天也许可以，十天半个月恐怕就很难。所以，我建议老师们可以主动去建构一种督促自己的力量，比如在某一个场合的公开承诺，邀请自己的孩子监督见证，三五好友相约而行，参加一些有约束力的成长团队……方法不一而足，重在有效且可行。

有这样一个小故事，不知道你是否听过。

一天，师傅把三个徒弟叫到身边，问他们："假如一块地里长满了草，你们有什么办法把那些草弄干净，并让地里从此不再长草呢？"

大徒弟说："那很容易啊，用锄头把那些草连根刨掉就可以了。"二徒弟说："用火把那些草都烧了。"三徒弟说："我把地翻个底朝天，让太阳把那些草晒死就可以了。"师傅听完笑了笑说："你们的办法都不错，那么你们就按自己说的办法去试试……"三个徒弟听了师傅的话，就都按自己的办法去做了。

可是，第二年那块地里又长满了草，而且比第一年更加旺盛。他们又去找师傅，却发现师傅已经死了。他们在整理师傅遗物时发现了一张纸，上面写着一句话："要让那块地里不长草，唯一的办法就是在地里种满庄稼。"

我们每一个人都不愿意让时光荒废，更舍不得虚度生命。只不过，有时候我们找不到合适的方法而已。细细品味三个徒弟的做法，无外乎都是在做除草的工作——刨根、火烧、日晒，解决的都是一时的问题，把看得见的杂草清除得一干二净。而师傅的做法，则是在他们的基础上更进一步，在暂时干净的土地上洒满种子，让茂盛的庄稼彻底挤掉杂草的生存空间。

　　如此，若想让闲散的时光充满生机与活力，也需要两个步骤：一是清理掉影响成长的因素，远离一切可以躺的地方，远离一切可以让自己停下来的诱惑；二是在闲散的时光里种下成长的种子，比如成长的主题、可行的计划以及每一种支持的力量。

王维审

2020年2月13日

摆脱自卑感的关键策略

　　有一位青年教师说，他天生就带有自卑感，做事情时往往底气不足。而有的时候，又会被自卑感带进一个很焦虑的情绪之中，经常会因此而影响人际关系。他希望自己能够克服自卑感，每天都充满正能量，只是不知道应该怎么去做。

年轻的老师：

　　其实，自卑和争取优势的意识是同时存在于每一个人身上的，只是很多时候我们没有调控好自卑与争取优势之间的关系，才导致了自卑感的泛滥。事实上，一个人的自卑感和争取优势的愿望具有因果关系，前者往往会导致后者的发生。从心理学的角度来说，如果一个人没有自卑感，就会满足于已有的生活方式，就不会产生超越自己目前处境的欲望。相反，当一个人意识到自己正处在一个比较糟糕的状态时，就容易产生摆脱这种状态的愿望，想通过努力达到一种更高的水平，以获得一种平等感甚至优越感。所以，很多时候，我们恰恰就是被自卑感推动着在前进。但是，自卑感并不一定会产生正向的、适切的争取优势的行动，在从自卑感向争取优势行动的转换过程中，我们需要注意以下三点。

超越环境的遏制而不是征服具体的人。首先要弄明白的是，促使一个人产生自卑感的原因在于某种环境，而不是具体的某个人或某件事。我想以个人的真实经历为例子，比较详细地谈谈这个话题。二十多年前，我曾经有过近两年时间的临时代课教师经历。在那段时间里，我感受到了来自周围的轻视或伤害：学校给新参加工作的教师安排宿舍，方便上晚自习时可以住校，但因为我是临时代课教师就不给安排宿舍，虽然宿舍空了很多，虽然也必须要完成晚自习的教学任务；期末考试时班级教学成绩拿到了第一，总会有不服气的老师很不屑地诋毁——再怎么干不也就是个临时工，一个月拿不到几毛钱……最初的时候，我会把受伤的原因归结在具体的人身上，觉得学校后勤主任太势利，感到个别同事太势利眼。在感到自卑的同时，也会在心里把这些人列为敌对方，从而让自己始终处于一种恶劣情绪之中。

后来，我对整个问题进行了归因，渐渐意识到导致现在的恶劣生活状态的，并不是那几个人，而是自己所处的环境。在一个以正式在编教师为主体的学校秩序里，一个临时代课教师必然会遇到各种各样的尴尬。所以，问题的根源在于我恰好走进了一个不适合自己的环境，是这个环境导致了前面那些人的存在。而解决问题的方法，无外乎两种：要么成为这个环境秩序中的大多数，通过某种方式让自己成为环境中的主流群体；要么彻底脱离这个环境，进入一个适合自己的新环境之中。最终，我选择了前者，通过参加高考成了真正的教师，用自己的努力打破了环境对自己的钳制。现在想来，如果那时始终把问题归结在"人"上，除了导致人际关系的恶化，或者制造出更为恶劣的人生境遇，恐怕于事情的彻底解决并无半点益处。

建立恰当的目标而不是任由梦想泛滥。通常来说，当一个人发现自己比别人弱、低、差时，就会产生努力向上的愿望，这种愿望是激发争取优势行动的基础。这个时候往往会出现两个问题：一是目标定得太低，二是希望通过努力所要达到的目标太高。目标过低，无法帮助你脱离导致自卑的环境，当目标实现的时候才发现自己依然无法完全融入环境的主流，始终处于焦虑状态而无法自拔；目标过高，就容易流于形式，容易空想、妄想，无限重复"夜里想得千条路，早上醒来走原路"的窘迫。因为过高的空想和幻想通常无法实现，必然导致处于自卑状态中的人愈加自卑，就有可能衍生出嫉妒之心，甚至是难以控制的恶意。

还是继续前面的事例。当发现自己被轻视、被小看后，我就有了自我改变和自我超越的想法。最初的想法，就是定位在那个后勤主任、那些轻视自己的人身上。比如，尽可能地去发现他们的弱点，用自己的优点去与他们的弱点对比，在对比中获得暂时的优越感。如此反复，在自我感觉已经把他们依次击败之后，忽然发现自己依然处在自卑之中，依然无法让自己进入一种自由而富足的精神世界中。其实，这就是认知的狭隘与目标的矮化带来的结果。后来，又幻想着自己可以在短期成为一个被人仰视的角色，在扬扬自得中俯视曾经带给自己伤害的那个环境。然而，这种空洞的黄粱美梦无法解决具体问题，只能导致个人在现实世界中越来越迷茫，越来越困惑。碰壁，然后再碰壁，人总是在碰壁后才能获得及时的清醒。几经折腾之后，我才意识到突破当下的环境才是最重要的事情。深思熟虑后，我将"成为公办教师"作为追求的现实目标，并做出了参加当年高考的决定。

守住一段静默的时光而不是炫耀进行中的努力。从自卑到争取到理想的优势，肯定需要一段漫长的努力和潜心的行动，这是一个人走出自卑最关键的部分。就这一过程而言，我的理解是不要快速、轻易地展示自己争取优势的过程，而是去全力坚持一段时间。特别是对当下的人而言，我们不乏朋友圈里展示的勤奋，也不乏夸夸其谈的行动规划，但这些似乎更多地存在于话语之中，极少对结果产生必定的影响。因为人们总是习惯性地关注可见的成功，很少会去关注走向成功的过程。这是人之常情，也是被很多人反复表达的观点。

　　"成功的花，人们只惊羡她现时的明艳！然而当初她的芽儿，浸透了奋斗的泪泉……"这是诗人冰心的一首小诗。借此诗表达我的一个观点：任何努力在成功之前，无论被表达得如何绚烂，终究抵不过岁月最后的一击——人们只惊羡花儿现时的明艳。

王维审

2020年6月30日

在他人经验里确认自己

王老师，您好！我是一个参加工作不久的青年教师，是一个有理想、有追求的老师。在师范学院读书期间，我就读过很多教育专著，也了解过世界上很多教育家的教育史。比如雷夫，他就是我最尊崇的一个榜样。毕业之前，我就发誓要做一个好老师，一个像雷夫一样深爱着学生也被学生深爱着的老师。第一节课，我就极力塑造着一个保持微笑的教师形象，尽可能地宽容学生，尽可能地不大声呵斥他们。但是很快，我的宽容就被学生"利用"，他们不惧怕我，在我的课堂上肆意说话、打闹，我布置的作业他们根本就不去理会。本以为我用真心待他们，他们就会像雷夫的学生那样懂事、听话，也会用真心待我，但事与愿违，我付出的一切没有得到应有的回报。这次期中考试，我教的学科平均分是年级倒数第一，领导找我谈话，家长说我不负责任。于是，在班会上，我一改过去的"温柔"，制定了严格的班规制度，并狠狠发了一通火。但是，学生全都不服从我的管理，几个学生甚至开始公开与我对抗。我想做一个好老师，也经常通过阅读书籍学习名

　　师们的教育智慧，但是很多东西到了我这里就不管用了，失效了。我真的不知道，接下来我应该怎么做。

年轻的老师：

　　你的"遭遇"，其实是绝大多数新教师都要经历的一段迷茫。

　　工作之初的几年是教师最有激情和热情的时候，也是绝大多数新教师最容易迷茫的时候。对于很多青年教师来说，最初的满腔热情和完美理论，在经过短暂的实践过后，大多会使他们产生一个心理落差，会出现职业的第一个挫败期。究其原因，是在此之前，他们学到的是课本知识和基本理论，他们看到的、听到的多是教育的成功案例，他们记住的多是大家、名师的教育智慧，很少会有人告诉他们真实的教育实践，更少有人会坦然告知教育生活的种种烦琐与复杂。当他们满心欢喜地把别人的经验复制到教学实践之中时，往往会出现"纸上谈兵"与"操刀实战"的巨大落差，这个时候失败和失望往往就在所难免了。就像你一样，因为被雷夫的精神所感染，便极力去做一个像雷夫一样的教师，却忘记了"橘生淮南则为橘，生于淮北则为枳"的简单道理。如果这个时候你的困惑得不到及时的排解，或许就会成为职业倦怠的开始。好在，你已经意识到了这个问题，并有了寻求帮助的行动，这应该是你的职业生涯发生改变的开始。

　　其实，任何经验的获得都是由适宜的环境、适宜的人、适宜的策略共同完成的，没有人可以把他人的智慧直接移植到自己的头脑之中。陶行知的四颗糖可以改变一个学生，我们的四斤糖也未必就能换来学生的一个微笑。也就是说，对于"四颗糖"的故事，我们可以借鉴的是陶行知尊重学生、理解学生的那种豁达，可以吸收的是陶行知的教育智慧，但决不仅仅是把他的做法直接用到我们的学生身上。恰切的做法是，我们把陶行知的那种精神，嫁接到我们的行动之中，并让其二者在磨合中获得生长和成长。嫁接的过程，需要对他人的审视，更需要对自己的深度反思，至少需要弄清楚自己的缺点是什么，哪些是自己需要改进和完善的地方。如此说来，教师的成长应该是一个缓慢的过程，不仅需要持续不懈的努力和坚持，更需要勇于剖析自己和接纳他人的勇气，唯有如此才有可能获得最后的成功。

　　每至此，我就会想起一个人，一个敢于把自己的脆弱剖析给别人看的美国教师——弗兰克·迈考特。弗兰克·迈考特是与雷夫一样获得"全美最佳教师奖"的优秀教师，不同的是，他在著作《教书匠》中真实地记录了自己的辛酸和甘甜、困惑与成长。刚刚踏上教师岗位的迈考特也经历了所有年轻教师都会经历的一切坎坷：混乱的秩序，家长的指责，领导的质疑，不良的教学成绩；他眼中的那些小混蛋、小恶魔在他的课上故意捣乱，让他出丑，制造难堪，藐视他的权威；他大声地呵斥过学生，用杂志打过学生的脑袋，面对自己的职业生涯，这些麻烦事让他陷入迷茫，并近乎自卑。但是他并没有就此堕落，而是满怀激情地持续学习，不断修正和确认自己的教育实践。最终，迈考特用了十多年的时间找到了自己的位置，发出了自己的声音，并最终获得美国教育界最高荣誉"全美最佳教师奖"，被誉为"老师中的老师"。

　　迈考特的成功告诉我们，优秀教师绝对不是天生的，每一位踏上教师岗位的年轻人都需要成长的时间和空间，都需要有发现自己的不足和错误的勇气，以及逐步修正、改正、确定的信心。对于青年教师来说，对入职初期的那些"磨难"心怀感恩，坦然面对遭遇到的困苦，不因为任何理由停止或者放弃，这或许就是教师能够做的、应该做的事情。

　　每一个人都会经历成长的挣扎和焦虑，果断地走出去开阔自己的教育视野，拨开挡在眼前的迷雾与灰尘，就一定能够看到不一样的教育风景。从这个意义上来说，不断积累经验、增长阅历，时时敞开胸怀、潜心向前，这或许就是成为好老师的第一步。

王维审

2020年10月6日

教育不可以太过于"现实"

　　因为休产假，我不得不在初二的最后一个学期离开了自己带的班级。一年后，在学生的毕业典礼上，接我班级的老师高调强调这个班级原来的英语成绩多么差，现在的成绩多么好。这让我感到很委屈：我很注重学生学习习惯和兴趣的培养，倡导让学生在快乐中学习。也正因此，我带的学生往往在初中的前两年里英语成绩会相对落后，而在最后一年中才会迅速提升。我感觉，这位接班的老师将学生成绩好归功于最后一年的努力，而否定我前两年打下的良好基础，实在是让人无法理解。

年轻的老师：

　　读完你的留言，我觉得你和那位接班的老师恰恰代表了现实中两种不同的教师职业生态。同样是教学成绩突出，有的教师只是关注分数本身，研究和琢磨的是如何应对各种考试，如何帮助学生在短期内获得高分。而有的教师则是关注学生成长的本质，注重习惯、兴趣及素养的培育，在学生生命的根部用力，从而帮助学生获得终生有益的成长力。两种不同的生态，最终的结果都可以指向教学成绩的突出，但却有着截然不同的影响。

于学生而言，前者是工业生产式的快速加工，效率高、见效快，却免不了揠苗助长带来的后劲不足，也免不了视野过窄带来的浅尝辄止；而后者则是传统农业生产模式的滋养，尊重成长的规律与节令，可能有时看到果实的时间会迟一些，但因为阳光和时光的充沛，结出的果实也就丰盈而味甘。显而易见，学生需要的是真实的自然生长。他们不仅需要对手，还需要朋友；他们不仅需要竞争，还需要合作；他们不仅需要利益，还需要高尚的追求；他们不仅需要分数带来的成功，还需要收获带来的快乐。

于教师而言，前者能够让自己快速获利，在行走的过程中就拿到随手摘取的"功劳"，自然也就可以在功利的教师评价中获得荣誉和赞赏。为此，这些教师常见的教育表达也就十分特殊，他们会告诉学生，"这道题必定会考，必须全部背下来"，"这个知识点考不到，不要在上面浪费时间"。如此，教学就变成了为分数、为考试服务的劳动，忙着摘取熟透了的果子，却忽略了整个森林的景致。后者则需要勇气和情怀，他们坚守着教育的常识，保持着独立的自我，不随波逐流、不功利，他们是真正的教育者。尴尬的是，这些坚守教育本质的教师往往比功利世俗的教师看起来要糟糕得多，要想在喧嚣的教育环境里保持自我，他们付出的一定会比别人多得多。比如，即时的考核优秀，现实的评价等级，家长与领导的认可，等等，这些需要立刻呈现的教育价值大都与这类教师无缘。

中小学教育是基础教育。基础教育的特点是，教师的所有努力和付出，需要在漫长的岁月浸润之后，才有可能在学生生命中显现出一点点的价值和作用。并且，这份价值和作用很难追根溯源，很难界定出是在哪一个学段、哪一个年级、哪一位教师的课堂上产生的——这就是教育的复杂性，也是不可裁判性。从这个意义上来说，中小学教师的劳动价值就在于能够为学生的成长添一点土、加一点水，而不是跳上枝头采花摘果。但事实上，在现有的评价体系中，老师们难免会不自觉地去摘果、去采花，即时显现教育成效。所以，很多人虽然清楚地知道教育的常识与规律，却又被现实裹挟着不得不去做功利的教育。我虽然不愿意高估个人对抗环境的能力，也知道逆流而行可能会导致船破人伤，但还是希望老师们不要太过于现实，要尽可能地减少一点功利意识。

不要太过于现实，就是要求老师们在适应现实的同时，又不完全被现实支配。比如说，我们必须要面对教育行政部门或学校组织的各种考试，既要看到考试的必要性，又要做到不为了考试而放弃自己的追求和教育的常识。也就是说，我们要有坚定的教育理想和追求，以它来主导自己的教育实践和行动，做自己的教育，做学生需要的教育。有了这份信念，我们就不会为世俗的考核而焦虑不安，也不会为了暂时的落后而纠结懊悔。有了理想，就有了行动的原则，就不会被现实禁锢；有了超越现实的追求，就有了行走的力量，就不会被功利胁迫，也不会去在乎一时一地的得失。

不要太过于现实，就是希望老师们要耐得住寂寞，不被外界的喧哗嘈杂干扰，静心教学、读书、思考。我身边有很多这样的老师：他们忠于自己的内心，有着自己的喜好与追求，踏踏实实地上自己喜欢的课，读自己喜欢的书，写自己喜欢的文章。虽然他们从没有获得过多高的荣誉，也没有得到过十分隆重的表彰，但他们始终保持淡定与微笑。他们热爱生活，把自己的小日子过得有滋有味；他们喜欢教育，把自己的真心安静地种植在学生的世界。

不要太过于现实，就是要求我们学会认真享受过程。既要有"功成必定有我"的责任担当，也要有"功成不必在我"的精神境界，要懂得教育的成功永远在他处，在学生生命成长的远方。

　　教师的荣誉是什么？对于教师来说，荣誉的最高境界应该是：你已离开学生很久，他们的生命中却还保留着你的影响。

王维审

2019年9月18日

走出被动成长的困境

　　　　我最近参加了市里的优质课评比，拿到了一等奖。为了这个奖，我至少有三个月没有睡好觉，整个生活都被折腾得颠三倒四。但是，我发现获奖这件事并没有改变我的课堂，回来后该怎么上课还是怎么上课，那些在比赛时的做法基本上都不会再用。我有些怀疑，优质课比赛到底能不能帮助教师成长呢？是不是就像别人说的，那只是一种表演赛呢？

年轻的老师：

　　首先恭喜你在优质课评比中获得好成绩，并对你所描述的，这三个月以来的付出表示理解。诚如你所说，几乎所有参加过优质课比赛的老师都会有类似的经历：没有休息，不敢放松，自己似乎都已经不属于自己；天天熬夜备课，不断修改方案，以至于看到教案都会有想要呕吐的感觉；千人指点，万人辅助，各种建议令人眼花缭乱……似乎，这三个月里要尝遍几辈子的苦。我说这些，并不是在帮助你回忆自己吃过的苦，而是想问你这样一个问题：这么苦，你为什么还能坚持下来？我猜测，这个问题的答案有两个：一是那张优质课奖励证书；二是自己能够获得成长。

我相信，如果是发自内心的声音，选择第一个答案的人会多一些。这就道出了教师专业成长最大的一个问题——绝大多数教师的成长属于被动成长，有一些甚至可以说是"被迫"成长。就以你参加的优质课比赛为例，教师在赛前的不断磨课中肯定会有一些成长，个人的教学技能兴许也会有较大的提高。但是，这种成长并不是基于教师的初心和本意，而是在"证书"的诱惑下参加了讲课比赛活动，其真实的意图是拿到"奖励"，这些成长只不过是在争取荣誉的过程中衍生出来的附加品，属于意外的收获。很多时候我都在想一个问题，假如优质课评比活动不发证书，或者说这些证书在职称评比或者其他评比中不予赋分，还会有多少人愿意耗费精力、受尽"折磨"去参赛？有肯定是有，但一定没有像现在这么抢手，竞争也不会这么激烈。

其实，就优质课评比这件事情来说，它对教师的真实成长意义应该是这样一个路线：首先要全力备赛，在磨砺中获得经验和教训；然后在课赛结束后及时进行梳理、反思、总结和提升，从中提炼出自己的课堂理解和主张。前者大家基本上都可以做到，后者鲜有人去践行。这是因为，前者有外力的裹挟、利益的诱惑和他人的推动，后者则是可做可不做、暂时看不到好处，要全靠自觉的行动。这样的一种自觉，其实是教师成长的关键所在，却也是最容易被忽视、被忽略的环节。

不仅优质课比赛如此，教师成长的诸多路径中大多带有"被动"的元素。搞课题研究，大多数是为了拿到成果证书；写教育教学论文，可能是为了能够为各种评选带来分值，诸如此类带着某种目的的行动，其成长的效力往往会大打折扣。并且，一旦目的达到了，数量达标了，也就不愿意再多付出一分一厘的努力。或许，这就是当下教师成长迟缓的一个原因，也是教师专业发展步入困境的一个原因。

问题的解决，大概就需要我们放弃被动成长，去开启自觉、自愿的主动成长，也就是为了自己的真性情、真兴趣，心无旁骛地去做自己喜欢的事情。

2019年的时候，因为课题研究的需要，我们对同期省级优质课评比的获得者进行了追踪调查。参与调查的共有10人，获奖时年龄都不超过40岁，均为不同学科的一等奖获得者。之所以选择这个年龄段，主要是考虑了其依然具有继续成长的年龄与心理优势。我们想弄清楚的是，同为高级别奖项的获奖者，经过8年时间的沉淀，他们到底长成了什么样子。调查的结果显示，这10人中有4人走上了学校管理岗位，成为普普通通的管理人员。有6人依然在教学一线，其中5人再也没有参加过讲课比赛，无论教学成绩还是个人成长状况均平平无奇，只有1人成了名师，不仅被评为特级教师，其教学理念也在一定的范围内被众多人认可，经常会被邀请到各种活动中授课或做讲座。

在进行问卷访谈时，我们重点关注了他们在获奖后的实践经历，试图探索出决定其成功的决定因素。先说那4个成为管理人员的人，他们其实是很幸运的，在获奖后引起了领导的重视，觉得他们是难能可贵的人才，在"教而优则仕"的惯性思维下，他们很快都被提拔为学校中层副职，从此走上了"仕途"。也正是因为走这条"仕途"，他们慢慢沦陷到繁杂的具体事务中，课堂与教学基本上已经与他们无缘，专业上基本废弃，"仕途"上也没有什么大的发展。再说那5个依然在一线却成绩平平的人，他们在获奖后也是热热闹闹地被"炒作"了一阵子。学校宣传，同事羡慕，他们也在热闹中着实幸福了许久。慢慢地，热闹过后一切依旧，获奖这事成了他们辉煌的制高点，从此以后开始慢慢走下坡路——他们的教育人生被自己活成了开口向下的抛物线。

最后，我想说说那位唯一成为名师的人。他在获奖后立即着手对自己的课堂进行了实录，再加上几番磨课的思考和感悟，他慢慢整理出自己的课堂教学亮点，也对自己的不足与缺憾进行了系统梳理。在往后的一年中，他拿出绝大部分时间去修正不足和提升自己，让自己的课堂教学越来越趋近完美。于是，他对自己的课堂再次进行实录，利用文字进行了物化和固化，并投稿给学科杂志。很快，他的稿件在杂志上发表，并收到了编辑的建议——寻找更多的理论来支撑自己的教育实践。他意识到，自己在实践的道路上似乎已经"炉火纯青"，在理论的世界里却是个地地道道的"小白"。自己的教育实践，得不到经典理论的支持，这将是个人发展的最大局限。他在幡然醒悟之后，开始着手进行理论研究，逐步走上了科研的道路，慢慢形成了自己的教学理念。

与其他9位老师相比，他在获奖以后并没有停留，而是又往前多走了一步。而恰恰是这最为关键的一步，让他站在了教育人生的巅峰。其实，不仅是优质课评比，在教育道路上的每一个环节里，成长往往就是再往前走一步。

王维审

2020年12月4日

试着治愈你的拖延症

有位青年教师给我发了一封邮件，讲了他最近面临着的痛苦：明知道每天有很多事情要做，却总是找各种理由往后拖延，拖来拖去就积压了一大堆工作，往往是到了不得不去做的时候，才会加班熬夜去糊弄完成。这样的做法既不利于自己的身体，也保证不了工作的质量——道理都懂，就是无法克服拖延的毛病。在信的最后，他问我是如何做到高效率工作的，有没有什么方法来治疗拖延症。

年轻的老师：

你好！你的困惑我曾经经历过。在某段时间里，我的拖延症也许比你还要严重。为了更好地解答你的困惑，我愿意先把最近一段时间的拖延行为写出来，与你、与众多有过此类"症状"的老师分享。

还是在半年多之前，出版社的编辑老师让我把近期出版的四本书做一些调整，打算把它们做成一个精品套系。其实，这四本书在最初就是按照系列模式做的出版规划，所谓的调整并不是一项多大的工程，无非就是校对一下有没有错别字，对内容做一些删减以提升作品的精致度，当然也要顺便压缩一下书籍的厚度。如果集中起来处理这件事情，大概也就是三四天的工作量，于是我答应编辑老师一定会尽快完成。

因为当时手头有一些急活儿，我便把这件事列在了周末的任务清单上。临到计划"开工"的日子，我才发现自己手头上竟然凑不齐这四本书。于是两种选择便放在了眼前：一是开始着手修订手里现有的两本书，然后抓紧在网上购买其他两本，基本上也不会耽误工夫；二是先在网上买书，等书到了再集中精力一气呵成，这样就需要把任务往后推一推。从统筹的角度来说，第一个选择肯定是最优方案，但不知道为什么，我心里却一直有个声音在和自己说：反正这事儿也并不是太紧迫，往后推推，正好可以等稍微清闲一些时再做。下意识地，我开始为否定第一个选择去寻找理由——反正书不齐，那就等等再说。

没几天的工夫，在网上买的书就到了手里。翻开书读了几页，忽然觉得应该先找朋友帮忙找一找错别字，还有那些感觉不好的篇章，也许别人的观点恰恰就是我需要修订的内容。于是便联系朋友，让他们帮忙寻找书中存在的问题。朋友们都很爽快地答应了，于是我也就把修订书稿的任务放了下来。其实，我是可以和朋友们一起开始修订的，却莫名其妙地选择了"等一等"。这一等，时间就过去了好几个月。这期间，朋友们的修订意见不断地反馈给我，每次收到朋友的意见也都会让我再次想起修订书稿的任务。然而，每一次，我也都可以找到一个看似很合适的理由，顺理成章地把这件事一拖再拖。

春节前夕，当编辑老师向我问起书稿修订的事情是否已经完成时，我才忽然发现这事已经耽搁了半年多。在此之前，我一直认为这件事情被耽搁是因为自己比较忙，总觉得如果有大把空闲的时间，我肯定会把书稿处理好。

春节期间，一场突如其来的疫情改变了原有的生活轨迹。按照要求，从正月初三开始我们提前结束年假，启动上班模式。上班第一天，我开始整理办公桌和个人档案橱。无意之中，看到了已经收集齐的四本书，便决定开始进行书稿的整理工作。找到朋友们以前发过来的"错字位置"提示，我在书本上依次做了修改，顺便把朋友们建议删掉的文章也进行了评估。整整一上午的时间，在相对封闭的空间里，我终于完成了错别字的初步修正。接下来的工作，就应该是自己静下心来认真通读这四本书，再次寻找错别字和需要删改的部分。当时的计划是，每天通读一本书，基本完成一本书的修订工作。按照这个计划，四个工作日就可以完成任务。

那天的阳光很温暖，心情大好。也因为终于有了相对连续的空闲时间，自感这份放置内心已久的纠结很快就可以彻底舒展。于是，兴奋地吃了自带的午餐，在办公室的沙发上美美地午睡。下午上班时间，迅速进入正常的工作状态，拿起第一本书没读几页，就听到有同事在讨论当下的疫情。这一听心就乱了，手不由自主地伸向手机，点开一个个关于疫情的消息。叹息，悲伤，一点点的担心，甚至有了一丝恐惧。强迫自己关上手机，继续读书。鬼使神差地，还是控制不住打开。又是各种各样的消息，真的、假的、被虚构了的，一股脑地涌进来。再次强迫自己关掉手机，并把手机锁到了办公室对面的档案室。以为这就可以安心做自己的事情了。

没想到，书竟然读不下去了，手也不由自主地伸向办公桌上的鼠标。其实还是那些消息，简单地重复，没有节制地泛滥，却可以诱惑着我不断地读下去。直到此时才明白，毁掉内心安静的，并不是手机，而是那些控制不住的担忧。手机可以锁起来，但担忧锁不住，也无法清理干净。后来，因为新建科室的一些工作需要开展，再加上这些纠缠不清的感觉在牵绊，书稿的修订还是被搁置起来。

假期被延长，终于可以宅在家里。从天明到天黑，除了偶尔需要通过网络对新的工作方案进行修改、调整和沟通以外，基本上可以算是彻底的"宅"。那么，大片的、连续的、纯粹的时间来了，修订书稿的事情是不是可以彻底完成了？翻了翻随身的包，又到车上找了个底朝天，最终可以确认的是，我并没有把那四本书带回家。

虽然有点懊恼，倒也不是很要紧，毕竟修订工作只是自己众多任务中的一项，还可以去做那些一直被耽搁的其他任务。专栏的写作，年前的约稿，新书稿的补充和完善，新研究领域的开展，规划已久的新讲座内容……其中的每一项都似乎呱待完成，也似乎都不是那么紧迫。毕竟，非常时期，也许这些事情都可以往后拖一拖。也许，约稿的杂志会延期出版；也许，新的讲座内容需要很久才有可能用到；也许，新书的出版还会延迟。这些"也许"，一点点地蚕食着本就脆弱的坚持，效率与毅力都开始走向不可挽回的没落。闭门不出的几天，抑制不住地昏沉，控制不住地刷手机，虽不至于生活得天昏地暗，却也远没有达到想象中的那份安静与坚持。

那天看到杨雪梅老师的朋友圈，她说："今天和小伙伴们讨论了一下，写作前的标准架势——把自己'绑'到电脑前有多重要。"看来，越是在相对宽松的环境里越无法坚持行动的，并非只有我一个人。"把自己'绑'到电脑前"，其实就是强迫自己开始写作。幸运的是，杨老师自我"捆绑"的行动是成功的，在接下来的几天里，她一次次把自己"绑"在电脑前，也就完成了一篇又一篇的文章。

也许，每个人都需要这样的"捆绑"，不仅是被"捆绑"在电脑前，更重要的是把自己"绑"在一种外在动力上。现在去想编辑老师的修订图书之约，除了自己的不争气之外，也许编辑老师也犯了一个"严重"的错误——没有给我规定完成的时间。倘若那时，编辑老师明确地告诉我必须在一个月之内完成，那么这桩持久的拖延事件兴许就不会发生。再想想，但凡那些被拖延下来的事情，大概都没有明确的外力约束，也没有明显的时间节点。亚里士多德说，人是社会性动物。我觉得，这种社会性的关键就在于人要紧跟着社会节奏去生活。比如繁重忙碌的工作是一种节奏，身处其中虽然紧张，却可以精神抖擞，甚至还可以创造出更多的额外收获；比如生存的压力或具体的安排也可以帮助你形成一种节奏，可以逼迫你在必要的时间里做完必要的事情。也就是说，但凡被裹挟着的行动，都是在轨道上运行的列车，往往自带动力和勇气。

　　由此可见，要想治愈拖延症必须要把握住两个关键因素：一是明确的目标和要求；二是可以"捆绑"住自己的外在约束。按照这两个要素去寻找方法的话，我给你推荐"番茄工作法"。番茄工作法是一种简单易行的时间管理方法——选择一个待完成的任务，将番茄时间设为25分钟，专注工作，中途不允许做任何与该任务无关的事，直到番茄时钟响起，然后进行短暂休息（5分钟就行），然后再开始下一个番茄时间。每4个番茄时间多休息一会儿。这个方法你可以试一试，一开始你也许只能坚持一个番茄时间，慢慢地，就可以坚持更多。坚持久了，拖延症也就从你的身上消失了。

王维审

2020年2月6日

如何更好地深入一件事情

> 我是一个做任何事情都无法深入的人。想读一本书，拿到书后翻上几页就会走神——要么是天马行空地神游一番，要么是站起来去整理一下书柜；想要备一节课，写不下几句话就要停下来，有时候会去找点零食吃，有时候会拿起扫把扫扫地……小事如此，大事更甚。我曾经多次下决心要做这研究、那研究，最终都是有始无终。我该怎么办？

年轻的老师：

你好！就在我不知道应该从哪里入手来回答你的问题时，同事给我分享了她在批阅"学思用"写实表时读到的一段文字。我把这段文字也分享给你：

上午的报告是关景双院长的《主题式课例研修行动》。说实话，此时此刻我的心是不定的，刚刚放假的无所适从和诸多愿望，以及迫在眉睫的家长会，让我"身在曹营心在汉"，关院长到底讲了些什么，我实在是听不下去。后来，因为师训科的老师不停地巡视，再加上王维审主任的严厉监督，最终让我放弃了那些小心思，静下心来投入听报告中，结束后我受到了很大启发。下午的报告是张铁道校长的《回望2020，停课不停学的故事》，因为是带着任务，所以我听课的时候变得格外认真和专注，并且能够时时地反观自己，让报告内容与自己的实践及时建立关系。

这段文字的来源有一个背景需要交代。前几天，我们举行了名师人选的培训活动，通过网络分四个会场同时进行。活动开始后，我安排完主会场的诸多事项，便去了其他三个分会场。透过门窗玻璃，我清晰地看到有些老师在刷微信、玩手机游戏，他们根本就没有进入学习状态。没办法，我只好走近他们，用目光和近距离的影响去阻止他们。一段时间后，我再回到三个分会场，那几位"被迫"做听讲状的老师又开始玩起了手机。万般无奈，我严厉地提醒并警告了那几位老师，同时安排师训科的同事加紧了对分会场的巡视。这位老师所写的这段文字，应该就是在这个背景之下的心路历程。

很明显，这位老师最初听不下去报告内容的原因，并不在于报告本身，而是自己从踏进会场就没有打算听课，"没打算听"自然也就无法入耳，无法入耳肯定就无法入心。后来，在外力的作用下，自己调整了心态，开始集中精力去听报告，报告内容就变得有趣起来，说明自己已经能够进入报告之中，与讲课人有了共鸣。再后来，由于被分配了具体的听讲任务，讲课内容便能够彻底融入自己的内心，在不知不觉中接受了报告人的影响和带动，学习活动开始有了主动和深度。我之所以和你分享这些文字，其实是想借此和你探讨"如何深入一件事"。

深入一件事，先要理清自己的心。理清的第一步就是清理，要摒弃那些会对自己造成干扰与破坏的诸多因素。就像上面提到的那位老师一样，在参加或组织教师培训活动时，我们总会听到一些人埋怨专家报告多么索然无味，听了一天也没有什么收获。就这个问题来说，不排除有授课专家课程质量方面的问题，但更多的应该是听课人的问题——因为心有不愿，先入为主地排斥即将开始的培训；因为感觉可有可无，从内心就激发不出参与培训的兴趣。在不久前的新教师培训活动中，有一位新教师就是带着试卷进的会议室，专家还没开始讲他就低着头批阅试卷。试想，一个带着待批阅试卷参加培训的教师，他怎么能够全身心投入培训中去，又怎么能够品出培训课程的好与不好。如果你连吸引自己的机会都不给，再好的课程于你又有什么吸引力呢？理清的第二步就是坚定做事的决心，努力让自己去喜欢。有些喜欢是从"不得不"开始的，即使做不到喜欢也得有"必须做好"的念头，最起码的底线也得是要有"事已至此，只能去做"的态度。

深入一件事，任务是最好的驱动。在下午的培训活动开始之前，我们给这位老师安排了具体的任务，让他就张铁道校长的报告提出一个值得互动的话题。很明显，有了这份具体任务的驱动，他就必须强迫自己全力以赴地投入报告之中，极力从报告中梳理、发现有价值的问题，以便在后面的交流中有话可说、有理可讲。这也就告诉我们，在打算做一件事情之前，我们最好明确自己的任务和职责。任务在很多时候就是目标和方向，任务清晰了，方向就明了了，行动起来就有了奔头、有了抓手，深入一件事情的可能性也就越大。前些天，出版社的编辑催问书稿的进度，我回复说"你给我规定个完成书稿的具体时间吧"，她哈哈大笑，然后也觉得很有道理。事实证明，在她给出具体的时间并把出版合同寄给我后，我写书稿的速度和效率明显提高。从这件事情来看，任务还是动力和效率。

深入一件事，行动是最好的纲领。有句话说，有志者立长志，无志者常立志。其实，从"常立志"到"立长志"，最为重要的就是行动。人一旦静下心来走近了一件事情，就像是立下了一个志向，而这个志向能不能成为"长志"，就看在这个志向上能够坚持多久、能够走多远。万丈雄心大家几乎都有过，但是有几人能够付诸行动并坚持一生呢？行动容易，坚守难，原因在哪里？有人会说是因为行动的道路上太枯燥、太辛苦，我觉得这是一个方面但并不是全部，或者说并不是最关键的原因。在我看来，一件事情坚持不下去的主要原因应该是看不到希望、尝不到甜头，任何一种没有收获的行动都不会持续很久。上面的那位老师也表达过类似的意思，当他被迫收起了无用的小心思，开始认真听报告后，马上就有了感悟和共鸣，报告也就变得有意思起来，他也就有了继续听下去的愿望——听课这个志向就被拉长，就成了"长志"。这就给了我们一个很好的启示，在行动的过程中，我们必须要不断从中发现小欢喜、小幸福、小幸运，用这些小收获去激发兴趣，点燃激情甚至是梦想。一旦这些行动叠加起来，我们也就一步步走进了事情的深处。

确定需要去做的事情，心无旁骛地走近；带着任务开始，专心致志地行动。这些或许能够帮助我们更好地深入一件事情。

王维审

2021年2月4日

第三章

师爱锻造：
努力做学生心灵的守护人

@

　　爱是一种能力，师爱是一种更专业的能力，有着特定的职业特征与必要的"技术含量"。不断完善指向自我的生命治理，让自己拥有值得学生尊敬与喜爱的本领，使学生能够得到更好的引领、示范和影响，才有可能走进学生的生命世界，成为学生心灵的守护人。

有一颗干净、自由并充满爱意的心

有一位年轻教师给我写了一封信，讲述了他最近遇到的一件伤心事。学校组织的暑假开学"收心"考试结束后，他发现班里有几个同学的考试成绩很差，又想到这些学生平时学习不认真，经常完不成作业，便有些生气。他在教育这几个学生时，一冲动拍打了几个学生几下。结果，他被家长告到了教育局，学校领导让他写说明材料。这位老师说："这几个学生其实很聪明，只是不爱学习，我实在是觉得他们不好好学习太可惜了，我真的是为了他们好……我知道自己有做得不对的地方，但还是感到很委屈。"最后，这位老师问我："王老师，你觉得我应该怎样才能在短期内有效教育好这些懒惰贪玩、学习态度不端正的学生，怎样才能快速提高学生的学习成绩呢？"

年轻的老师：

我相信，与你有着类似经历或者相似纠结的老师一定有很多。在这些老师的潜意识里，总是对学生有一种恨铁不成钢的底气存在，总是觉得自己对学生的严厉批评都是为了学生好，都是对学生的生命成长负责。在这种认知之下，教师的教育行为往往容易超越政策法规允许的范围，出现一些失当或过度的惩戒手段。当这种行为被学校或者行政部门纠偏之后，教师的内心容易滋生出委屈，会有好心不得好报的愤懑。甚至于，有的教师会因此而一蹶不振，放弃对学生的正常管理，逐渐走上"怀才不遇"式的自暴自弃，最终成为浑浑噩噩过日子的"平常人"。

其实，这些问题的根源在于这样一种并不成熟的认知：我是为了你好，你就得接受我的意志，你就得朝着我期望的目标去努力。你以为学习成绩代表一切，那么所有的孩子、所有的家长就得彻底相信分数的价值，就必须在唯分数而努力的道路上一直走下去。仔细想一想，这样是不是已经窄化了教育的价值，是不是已经夸大了教师的作用？在多元价值观的影响下，现在的父母一般都愿意承认孩子的差异，他们对于成功的定义未必都会与考试分数建立十分强大的联系。幸福感、自由度、基本素养的达成等，已经慢慢被家长们融入对学校教育成果的期待之中。那么，如果教师再以一元认知去应对学生与家长的多元愿望，教师的影响力就会大打折扣。事实上，教育不是万能的，有着自己的边界和局限。作为教师，我们可以把自己的认知尽可能地传递给学生和家长，但万不可把自己的认知作为唯一真理。通俗地说，你认为分数可以改变一切，他们未必会这么认为；你认为升学和工作是人生的全部，他们也未必会这么认为。

在信中，你一直追问怎样才可以彻底教育好这些学生。我反倒觉得，你现在最需要的并不是去寻找改变这些学生的方法。原因很简单，一是世界上肯定没有包治"问题学生"的灵丹妙药，更不会有让学生马上开启主动学习模式的策略和方法。既然没有，你也就肯定找不到。二是你之所以这样去问，只能说明你还没有意识到问题的症结所在，你依然觉得自己的认知是正确的，是应该被学生和家长彻底接受的真理。倘若真的如此，你会距离解决问题的方案越来越远。我的建议是，你现在最需要去做的，不应该是去想如何改变学生，而是要好好想一想如何改变你自己，如何尽快打开自己的内心世界，修炼一颗干净、自由并充满爱意的心。

那么，什么是"干净、自由并充满爱意的心"？这是一个不好界定的概念，但它应该有这样一个底线标准：纯粹而真诚地去喜欢学生，不唯分数来衡量学生的生命本质，不因现实的考核量化而改变自己的教育初心。我一直在想，你之所以在处理学生问题的过程中有"失手"的冲动，根本上还是因为你太在意学生的分数，太在意学校基于分数的量化和考核。也就是说，你对学生的爱还没有达到纯粹的程度，还多多少少掺杂着学生成绩会影响教师成绩或者教师形象的成分。在我看来，如果你的内心世界依然为分数所捆绑，那么你的教育方式就永远无法摆脱狭隘、偏激和粗暴，就永远不可能真正走进学生的内心世界。一种无法走进学生内心的教育，无论理念多么先进，技术多么强大，都不可能对学生真正产生影响，更谈不上帮助他们提高成绩和改变认知。

如果你能先把自己的内心世界打开，学会接纳各种各样的学生，看得见不同学生的好，你就不会那么焦虑，也就不会出现失手打学生的错误行为。当然，在我们现在所处的教育环境中，每一个教师都必须承受考核带来的压力。这些压力我们必须要去面对，但不应该原样不变或者增压后再传递到学生的身上。一个有着干净、自由并充满爱意之心的教师，肯定会有意识地去主动淡化或者消解这些压力，用自己的责任与担当抵抗住纷至沓来的寒意，尽可能为学生的成长打造一块缓冲地带。

由此，我们可以归结起来说：干净，就是纯粹，就是"只是为了你好"且不包含任何私心杂念；自由，就是舒展，就是为了学生的舒展而舒展自己。对于教师来说，只有内心纯粹、心灵自由，才能让自己的爱意单纯，才能摆脱因爱而衍生出来的困惑、焦虑与不安。

俗话说，磨刀不误砍柴工。对于青年教师来说，修炼自己的内心，强大自己的精神，远比学习研究具体的操作方法更为重要。这一点希望你能够记住，并转达给身边的青年教师们。

王维审

2019年6月7日

永远保持必要的善意

> 我们学校特别重视师德建设，领导们每次开会都会制定一些类似"十不准""九不能"的师德警戒线。在平时的工作中，学生家长只要一向学校投诉老师，我们学校的领导一般都会抱着息事宁人的态度"逼"老师让步，哪怕老师本身没有过错，哪怕真的是家长在挑刺找麻烦。如此一来，老师们都不敢也不愿管学生，极大挫败了老师的积极性。我想知道，师德到底有没有底线？我说的底线不是上级规定的那种不准、不能，而是从人性本身上来说的底线。

年轻的老师：

作为教师来说，师德的"人性底线"是什么？这个问题不好用空洞的文字来回答，我想用我们都熟悉的一篇课文来开始我们的聊天。著名作家魏巍在《我的老师》一文中这样描写蔡老师：她从来不打骂我们。仅仅有一次，她的教鞭好像要落下来，我用石板一迎，教鞭轻轻地敲在石板边上，大伙笑了，她也笑了。我用儿童的狡猾的眼光察觉，她爱我们，并没有存心要打的意思。

　　从来不打骂学生的蔡老师为什么举起了教鞭？显然是学生犯了比较严重的错误，这份错误也许足以让老师愤怒不已，甚至采取十分严厉的措施来惩戒学生。但是，蔡老师却将教鞭"高高举起，轻轻落下"——高高举起，是蔡老师对学生所犯错误的一种警示；轻轻落下，则是蔡老师固守的一份善意。正是这份善意，不仅让学生知道了自己的错误所在，而且感受到了老师对自己的关爱和疼惜。很明显，这种因善意而带来的心灵触动，远比恶狠狠的批评更加具有教育力量，远比声嘶力竭的恐吓更有价值和意义。其实，善意是教育之本，更是人之根本。无论一个人的教育理念多么超前，无论当下的教育技术多么先进，教师都应该对学生、对教育保持着必要的善意。

　　令人遗憾的是，现在的很多人喜欢对善意保持足够多的距离和怀疑：一方面，他们自己不愿意对这个社会付出善意；另一方面，他们也不相信这个社会还有善意存在。幸运的是，在我们的教育中，必要的善意依然存在，依然在闪烁着人性的光辉。虽然这份善意越来越少，虽然它也有可能会被裹挟着趋向于暗淡。但是，那些普普通通的人，那些平平常常的事，依然在不遗余力地向世界和他人释放着自己的善意，用自己的方式诠释着一个问题——善意是什么？

　　善意往往只是一颗心的自然反应。学校里转来了一个学生，学习成绩极差。在安排班级时学校犯了难，谁都不愿意要这个明显会拖班级成绩后腿的学生。孩子的父亲红着脸尴尬地直搓手，孩子则羞愧地低下了头。就在这时，刚刚出差回来的李老师柔声说道："你愿意到老师的班里学习吗？"声音不大，却让孩子的眼里顿时放出了光芒。孩子狠狠地点了点头，然后深深鞠了一躬，高高兴兴地跟着李老师去了教室。有人问李老师有没有考虑过他会影响班级，李老师只说："他是个孩子，他得上学，其他的没有多想。"正是因为"没有多想"，李老师才能够在利益的考量、个人的盘算之外，发乎本心、源于本性、出于本能地呈现出心中的善端。有些教师在应对教育问题时首先关注的可能是个人的得失，总是不由自主地做出对自己有利的选择。但是，也依然有很多教师固守着自己的良知，在个人的现实回报与学生的生命成长之间进行取舍时，毫不犹豫地选择后者。这就是为师者的善意，也是教育之所以依然是教育的原因。

知世故却不世故，是教师对教育保持的最大善意。刘老师已经年近五十，却始终坚持亲自批改全部学生的作业。有同事提醒她：工作量这么大，学生数量这么多，每一本作业都批改太累了，何不像别人一样只是批改其中的一部分呢？更有好心的同事"教"她：你可以先让家长在家里检查一遍，然后让学习组长进行批改，你只要抽查其中的一部分就行了。刘老师毫不领情地回答说："如果连作业都让家长批改，那么教师的职责又是什么呢？"世故是一种神奇的力量，它可以让一切新鲜的力量顷刻间与自己同流合污。在当下的教育环境里，不入俗、不随俗是一件很艰难的事情，它不仅需要强大的精神坚守，还需要付出一定的利益作为代价。恰如此，像刘老师一样懂得世故却又不甘于世故的教师，就显得尤为珍贵。

不挑衅学生，是为师者最底线的善意。在一所学校支教时，我曾经目睹过一场师生之间的冲突。一个学生未完成作业，被老师堵在教室门口批评。学生不服气回了几句，老师开始变得异常愤怒。一来一往中，两个人的声调越来越高，气氛越来越紧张。"你很能是不？你那么有本事还待在这个班级里干什么呢？"当老师的这句话脱口而出时，学生猛然间爆发，疯了一般冲向楼下，跑出了学校大门。自此以后，无论怎么做工作，这个学生始终不愿意再来上学。后来，这位老师也十分后悔，仅仅因为一次作业检查，就把一个学习成绩还不算太差的学生逼向了绝境，被迫选择了退学。说心里话，类似"有本事你就别……"之类的话语，通常具有十分强烈的挑衅意味，对学生的杀伤力极大，而教师却往往并不自知。如果站在局外人的角度来审视不断爆出的师生冲突，似乎教师在与学生的交往中会不由自主地扮有"挑衅者"的角色。当然，这个"挑衅"是隐蔽的、不易察觉的，是教师在正常的言语表达中无意流露出来的。而这，恰恰可能会成为教育失败的关键。所以，对于教师来说，在履行教师职责的实践中，最应该守住的底线就是：无论什么时候，都不要去挑衅学生。

心存善意，自有花香相随。善意的敞开可以让爱、平等、尊重等美好的事物慢慢绽放，也可以让其他深厚而沉实的教育行动能够有枝可栖。对学生与教育都保持善意，深信一切都可以更加美好，这才是教育的本意，也是教师应该有的本分。

王维审

2019年8月16日

成为学生生命成长的"贵人"

> 我最近参加了一次教师培训活动，为我们做讲座的几位专家，分别从自己的立场强调了教师的不同身份属性——年长者告诫年轻教师要做春蚕和蜡烛，甘做学生成长的铺路石；新派专家则强调平等与尊重，告诉年轻教师应该做学生的陪伴者和同行者。这简直把我给讲糊涂了，教师到底应该以怎样的身份出现在学生的生命中呢？

年轻的老师：

其实，这些专家们的观点都对，在学生生命成长过程中，教师的价值和意义肯定是多维的，也很难用几个关键词来概括。但是，二十多年的教育生涯，让我越来越感觉到教师最应该努力的，也许是要成为学生生命成长中的"贵人"。

什么是贵人？黄天中教授曾经谈及过自己的贵人。黄天中自幼家境贫寒，也没有过人的天资，拼尽全力才考上了一所很普通的大学。后来他到美国的一所大学半工半读，虽然学习很勤奋，学习成绩却没有达到申请奖学金的水平。汉密尔顿教授看到了他的努力和进步，坚持为他申请奖学金，理由是"他具有其他人所没有的成长曲线"，并最终获得成功。教授的行为不仅解决了黄天中生活拮据的困境，也激发了他的学习斗志，更影响了他的教育理念。在他做大学校长后，就把"别看我一时，且看我一世"作为校训，帮助更多暂时未成功的人获得了成功。后来，黄天中成为多所大学的客座教授或兼职教授，所获得的荣誉不胜枚举，但他始终把汉密尔顿称为自己生命中最重要的贵人。

这个故事告诉我们，贵人就是在你人生的转折处等着你，悄然改变你一生的那个人。换个说法，贵人就是那些让人变得更好的人。贵人的这一特质，恰恰与教师职业实现了本质上的完美契合。因为从某种程度上来说，教师就是一种使学生生命变得更加美好的职业。所以，一个教师要实现"更加美好"的职业追求，就应该学会做学生的贵人。那么，怎样才能成为学生的贵人呢？我觉得有两点特别重要。

一是利于学生的成长，让他们在每个关键点都可以获得帮助。随着社会对教育的期待越来越具体，教师的职责也越来越被人为窄化。在今天的一些教师看来，只有知识传授才是教师的本职所在，也是可以尽快给家长一个交代的捷径。所以，一些教师心甘情愿地在知识搬运的路途上劳苦，千方百计向学生灌输尽可能多的知识。他们以为这就是成长，这就是教育的终极追求。其实，他们往往忽略了一个重要的常识——传递知识只是教师的职业所在。从根本上来说，这种劳作与工人为零部件涂上油漆并没有什么本质上的区别，根本不能称得上是育人，更谈不上是真正的教育。

爱因斯坦曾经借用斯金纳的观点对教育做过一种解释，他说："所谓教育，就是一个人把在学校所学全部忘光后剩下的东西。"那么，当学生离开学校后他们能够记住的是什么呢？通常来说，他们不会记得在什么时候，老师讲过哪些知识，但他们大都会记得在人生的关键点上，老师曾经给予过他们怎样的指导、建议和帮助，或者是在他们即将误入歧途时的一声断喝，甚至是一记耳光。其实，为人师者最大的责任就是帮助学生化解人生中的各种纠结、烦恼和焦虑。试想，在学生最悲观无助的时候，教师能够站出来，及时地给他们一点帮助和指导，带着他们走出人生的沼泽地带。那么，在他们的世界里，你就是他们生命中最重要的人，是他们一生的贵人。因为你在拐弯处的这一次指点，改变的是他们的人生和命运，是他们一生都会受益的帮助。

二是利于学生的心灵，让每一个经过身边的人都可以丰盈纯粹。在过去，大多数教育者会有一个误区，以为只要是帮助学生获得了比较理想的学习成绩，哪怕是教育的方式、手段不够科学也值得忽略。在这样的理念之下，教育就成了简单的分数追逐与较量，学生的心灵就在这种较量中被忽视、被忽略，乃至被戕害。其实对学生而言，比成绩更重要的，是如何让学生的生命变得舒展、充分和丰盈。所以，认识并开发学生的心灵世界，让学生的心灵成长获得无限价值，是教师最重要的职责，也是能够成为学生生命成长中贵人的关键所在。因为一个心灵世界无比敞亮的人，一定可以生活得更加鲜亮，人生的收获也就会更多。

在学生的世界里有两种人很重要：一是自己的父母，二是教师。教师应该是唯一没有血缘关系却可以参与学生生命成长的人，这对我们来说是一种极大的荣耀，也是极其重大的责任。当学生依次从我们的身边经过，我们应该以怎样的姿态来面对他们？这是成为他们生命成长中的贵人必须要思考的重要问题。我想，如果可以的话，我们应该努力站成一道光，照进学生的心灵，满足学生的内心所愿，让他们在喜悦与鼓舞中拥有继续行走的能量。做一个为学生鼓掌的人，做一个能够持续为学生续航的人，让他们习惯于斗志昂扬，让他们学会、热爱成长本身，这就是教师能够给予学生的最大心灵利益，也是教师最神圣的心灵传递。倘若当学生从我们身边经过时，内心陡然增加的是热血澎湃，那该是怎样的一种幸运——学生的幸运，教育的幸运。

可以这样说，一个教师最大的成功，应该就是能够成为学生的重要他人，乃至生命成长中的"贵人"。

王维审
2019年9月6日

选择一种有境界的舍弃

　　讲座结束，一位老师对我讲了自己遇到的困惑：为了培养学生的写作能力，从三年级开始，他就要求学生每天都要写一段话，可以是日记，也可以是简单的涂鸦配上寥寥的文字，只要是能够把自己一天的心情表达出来，学生可以用任何自己喜欢的方式来呈现。慢慢地，学生喜欢上了这份"额外"的作业，比那些真正的作业还要重视。现在，有的学生可以自己制作完整的绘本故事，有的学生写起了连载小说，有的学生把几年的心情日记做成集子，有的学生开始在报纸杂志上发表作文……最为重要的是，孩子们因为写作，喜欢上了阅读，喜欢上了语文，喜欢上了学习。

　　为了让学生坚持写下去，他每天都要把学生写的所有"心情"读一遍，还要写几句鼓励的话，这让原本就琐碎的教学工作显得愈加繁重。办公室的人每每调侃他："你这是自我加压还是嫌咱们的常规工作太少呢？你这不是找活干吗？"背后也有人嘲笑他："这么折腾，也没见成绩好到哪里去！"因为在小学阶段，学校没有硬性规定学生写日记，教务处检查的时候也只检查高年级学生的周记。所以，在很多人看来，他做了学校没有要求做的很多事情，纯粹是"自找麻烦"，也有人说是乱出风头。说的人多了，他也开始动摇了，他不能确信自己是不是还要继续坚持下去。

年轻的老师：

首先，为你的努力和坚持点赞。其次，我觉得你的遭遇绝对不是个案，代表了那些有想法、愿做事的老师的现状，这就更有了细致谈谈的必要。

随着社会环境和功利思想对教育的介入越来越多，教师这个群体也开始变得浮躁起来，急功近利成为部分教师的心态和行走方式。但是，教育是慢的艺术，教育真正的价值显现有一个漫长的过程，可能你对学生进行了真正意义上的教育，可学生成长的结果却不一定附加在你的身上，所谓的"前人栽树，后人乘凉"已经被越来越多地用来形容教育效果的延时性。也正是因此，很多教师不得不在"为了学生一生奠基"与"为了自己的考核成绩"之间权衡着利弊，做着艰难的选择。你的困惑也许就在于此，自己所做的一切确实对学生一生的成长有利，自己也为此付出了很多。但是，在现有的评价制度下，这份付出却不可能给自己带来任何现实的利益。

在有些教师看来，既然学校对教师的考核是即时的，为了在各种评定中得到认可，自己的教育就必须在短期内得到收益。于是，有人选择了拔苗助长，选择了应试教育，选择了速成教学。于是，很多不能提高分数的教学内容被抛弃，很多不利于考核的教育环节被省略，很多不能带来即时效益的教育活动被压缩，很多教育的美好被眼前的利益所倾轧和践踏……教育好像是一个疯狂的赚分机器，一路轰鸣奔着功利而去，更像是一场"涸泽而渔，焚林而猎"的浩劫。我们不得不承认，今天有的教师已经沦落到考什么教什么，查什么做什么，评什么应付什么，流行什么跟风什么的地步。我们更不能否认，功利已经成为部分教育者理所当然的追求，那些"为了孩子一生的教育"已经离我们越来越远。在政绩观、成绩观的影响下，那些卓有远见的教育理念，已经在不知不觉中变成了可有可无的"不应该"和"不可为"。

那么，在这样的一种环境下，我们还要不要坚持自己的教育理想，是选择大义凛然的坚守还是选择随波逐流的畅快？其实，我们每个人都应该学会舍弃。陶渊明舍弃了"五斗米"，吟出"采菊东篱下，悠然见南山"的闲适；李白舍弃了官场名利，道出了"相看两不厌，唯有敬亭山"的清幽；王维舍弃了浮世华美，悟到了"人闲桂花落，夜静春山空"的雅致……由此可以看出，舍弃是一种境界：为了追求大山的巍峨雄峻，就必然要舍弃小丘的玲珑俊秀。而我们教师需要的，就是这样一种有境界的舍弃。机械重复的枯燥练习，兴许能够短期内提高学生的考试分数，可能会给你带来年终考核的优秀，但与学生的自由快乐相比，就应该舍弃；身陷俗事的利益纷争，也许可以为自己谋得一份荣誉，挣得一些现实的收获，但与教师的自尊和未来相比，就应该舍弃。当然，舍弃是痛苦的，选择是艰难的，但这也恰恰是检验一个教师境界的关键一步。

不媚俗，不从众，坚信少数人也可以改变世界，这是支撑我们坚持自我的信条。但是，我身边的很多年轻人往往会因为大多数人"如此"，自己也就跟着"如此"，其理由无外乎不随大流就吃亏，坚持真理的人少了真理也就成了谬误。少数人真的就必须服从多数人吗？少数人真的就不能改变世界吗？回答是否定的，少数人也可以改变世界，并且改变世界的少数人都会具备一些特质。意大利佩鲁贾大学的一位社会心理学教授曾提出，能够带来社会变革的少数人，都是主动寻求改变而非逆来顺受的人。以意大利南部地区为例，在有"黑社会"组织征收

"保护费"时，因为不想遭到报复很多人只是默默忍受并持续缴纳"保护费"。这些人显然不是变革者。与此同时，一些市民组成了一个名为"再见了，'保护费'"的组织，联合反抗并揭发这些非法征收"保护费"的团伙，这种积极的反抗最终打破了不公，创造了改变。其实，这个世界需要这样的少数人，教师群体更需要——教育的进步往往就在这些少数人身上。

有一句话说得很好，"牵引一股波涛行走的，可能是它身边的一段岸；牵引千条江万条河，后浪推着前浪向着同一个既定方向前行的，则只能是那众望所归的大海"。我们当老师的，是做牵引一股波涛的河岸，还是做牵引千万条大江大河的大海，就在于我们有没有勇气舍弃舒适和安逸，就在于我们做出了一种什么样的选择。我希望是后者，因为只有舍弃了眼前的小河岸，才有可能收获教育的大境界。

王维审

2014年7月20日

让师爱尽可能多一些专业元素

在一次师德论坛活动中，我问了这么三个问题：为什么感人的事迹都是在表达人间悲苦？为什么爱学生都是给学生送钱送物？为什么我们不能呈现一些具有专业味道的"师爱"？这"三问"迅速引发了教师关于"师爱"的争论，也促使老师们开始思考关于师爱的专业性问题。后来，有一位老师给我留言说："能不能举个例子给我们说说，专业的师爱是什么样子呢？"

年轻的老师：

我愿意接着那天的话题继续和你探讨师爱问题。我始终觉得师爱是具有层次性的，同样是爱学生，不同的老师爱的方式与方法也会截然不同。为了说明这一个问题，我想结合"班级偷盗事件"的三种处理方法，来谈一谈专业师爱的样子。前两个案例来自同一个班主任工作论坛活动，两位班主任都提到了自己对学生偷盗行为的处理，呈现了两个层次的师爱。

班主任A在论坛中分享了这样一个案例：学生宿舍里经常发生丢

失钱物的事件，在学生缴纳伙食费的前一天晚上，学生小娜的200元钱不见了。因为数额较大，这件事让整个宿舍的同学都感到了压力，人人都成了被怀疑的对象。班主任在费尽一番力气后，终于找到了"小偷"——一个学习成绩还不错的女生。思索良久，班主任掏出了自己的200元钱，谎称是在小娜的床底下发现的，并宣布"盗窃"事件是一场虚惊。据班主任说，那时候，全班同学的心情一下子变得轻松起来，偷钱的女生深深地低下了头。再后来，那个宿舍再也没有发生过类似事件，偷钱的那个女生也变得开朗大方起来，学习成绩有了很大的进步。

班主任B也遇到过同样的问题：交书费那天，学生小勇把钱放在文具盒中便去上课间操了。等回来的时候，发现自己的200多元钱不见了踪影，老师也是在一番努力后发现了"盗窃者"。在和学生做了深入沟通后，老师严厉指出了学生的错误做法，但答应替学生守住秘密。不同的是，老师并没有到此为止，而是先让学生悄悄返还了本次偷盗的钱，然后统计了这个学生以前曾经偷盗的钱数。因为以前偷的钱都已被学生花费掉了，这个老师便要求学生制订一个还款计划，并一起协商、拟定通过捡拾饮料瓶等方法筹钱还"债"。在老师的帮助和监督下，这个学生利用很长时间，付出了很多辛苦才赚到了需要偿还的钱款。据班主任B说，他之所以要让学生通过自己的劳动来弥补自己的过失，就是要让学生明白一个道理：永远不要去拿不属于自己的东西。

从这两个案例我们不难看出，班主任A采用的是"怀柔"政策，是用自己的爱心来打动学生，让学生在师爱的"温柔"中渐渐被感化。我相信，这种美好的教育愿景在适当的地方、适当的时间和适当的人身上，在老师的爱足够真切、足够真诚的情况下有可能起作用。但是，这种"怀柔"教育一定不具备普适性，在大多数有偷盗行为的学生身上，类似的做法未必会有积极的作用。相比较而言，班主任B的做法更趋近于理性之爱。他同样爱自己的学生，不作声张的目的就是保护好学生的尊严，这足以说明他对学生的爱护之心。至于让学生通过自己的劳动来弥补过失的教育方式，也比感化更具有实际意义和可操作性。读到苏霍姆林斯基的一则案例之前，我一直倾向于认可班主任B的做法，并欣赏他的理性之爱。

在《要相信孩子》一书中，苏霍姆林斯基完整地呈现了教师对一个有盗窃行为孩子的教育过程：维佳是一个有过多次盗窃行为的孩子。有一次，维佳又偷了别人的冰鞋，老师发现后让维佳悄悄返还了冰鞋，并让维佳参加学校的滑冰比赛。维佳在比赛中名列前茅，得到了这次比赛的奖品——一双崭新的冰鞋。老师又创造机会让维佳和比自己年龄小的男孩在一起滑冰，当维佳发现那个男孩十分喜欢自己的冰鞋时，主动提议：两人平分冰鞋，一人一只。小男孩十分高兴，维佳却有些后悔了。正当维佳为刚才的冲动感到伤心时，老师走过来劝维佳把另一只冰鞋也送给小男孩。维佳很伤心，甚至大哭起来，但老师装作没看见，坚持劝说维佳送出另一只冰鞋。后来，老师开始帮助维佳培养其他的兴趣，使他以后再与小男孩一起滑冰时，慢慢不会因看到冰鞋而难受。老师还教育维佳用暑假劳动挣来的钱去买书、衣服和玩具，不仅自己用，也送给那个小男孩。从那以后，维佳再也没有偷过东西。

在这个案例中，教师在维佳的精神世界里培养了一种人生信念：喜欢的东西，要用自己的劳动去获得；美好的东西，如果与别人分享会得到更大的幸福和快乐。这其中表达的教育境界有三层：一是教师要严禁学生偷窃别人的东西；二是教师要帮助学生知道怎样获得自己想要的东西；三是教师要引导学生学会分享生命中的美好。至此，我才真正领略到了一种基于生命成长的专业之爱。

爱是教育的永恒主题。无论什么时候，爱都是教育的必需。但是，怎样的爱才是真正的爱，才是适合学生和教育的爱，却是一个值得我们时时思考的话题。我想，这三个教育案例足以告诉我们：师爱是一个永无止境的追求，在爱的道路上没有人会做得尽善尽美，只能是越来越趋向专业。

更进一步说，所谓的专业也是没有止境的，我们只能趋近，永远也无法抵达，但教师的成长也就在这无法抵达的路上。作为青年教师，让自己不断接近专业，我们也就实现了不断接近成长的理想。

王维审

2020年12月17日

你有"抬高一厘米"的权利

有人给我留言：王老师，我最近结识了很多老师，并和他们聊到了关于教育的话题。我发现，他们更愿意表达一种对教育的无奈——体制怎么不合理，评价怎么不公平，学生怎么不爱学习，社会对教育怎么苛刻……然后，就是无休止地发牢骚。我想知道的是，如果体制真的就是这个样子，在即将站上的三尺讲台上，我到底还能做些什么？又该如何去做呢？

年轻的老师：

从你的言谈之中我猜想你是一名即将毕业的大学生，也是一个即将加入教育战线的准教师。也许，对于中小学教育来说，此时的你还只是一个旁观者。但恰是这样一个"旁观者"的提醒，才让我们这些"当局者"开始审视自己，开始冷静地思考体制下的教育实践。从这个角度来说，我应该感谢你。

诚然，有时候我们会把体制当成逃避责任和自我解脱的借口：当有人指责我们把分数当成教育的唯一追求时，我们会以"体制要的就是分数"来辩解，甚至拿出高考作为最好的说明；当有人提出大一统的管理扼杀了学生的个性时，我们会以"体制要的就是整齐划一"当借口，还会列举出社会的种种现象来说明；当有人指责我们过于追求教育的功利时，我们会以"体制本身就是功利的"来反驳，各种制度文件似乎都可以解读出功利的味道；当我们从事教育一生却没有心灵的收获时，我们会以"体制不够公平"来安慰自己……似乎，我们所有的过错和不足都是体制下的"常规"，教育里的那些生冷和僵硬都是体制下的必然。换句话说，我们是无辜的，体制在那里，我们不得不屈服和顺从。

在这种心态下，所有不合乎情理的教育就变得顺理成章起来，很多违背教育常规的做法也就变得自然而然。在这种心态下，面对那么多无原则的约束和管制，我们开始变得坦然；面对那些生硬的驱赶和拖曳，我们开始变得麻木；面对随时可见的教育悲剧和伤害，我们开始变得无动于衷。我们可以为了分数而不顾惜学生，用大工业生产式的加班加点来提高分数；我们可以为了一场课赛而全力以赴，用无数学生的时间和激情铺垫自己的荣誉之路；我们可以为了升学率而清退顽劣的学生，用放弃和抛弃提高汇报表上的百分率；为了迎接各种各样的检查，我们可以在学生面前肆无忌惮地弄虚作假，并把学生牵涉其中。这一切，我们都做得坦然而漠然，因为我们可以把所有的原因归结于体制。

归根到底，我们宁愿相信体制无法撼动，也不愿意做别的选择。难道在体制不能彻底改变的情况下，我们真的就无所作为了吗？体制与人性真的有必要那么尖锐地对立吗？难道我们只能给学生这样的教育？难道我们真的无法改良我们的教育？

我想起了20世纪的一个故事，细节已经不是很清楚，只隐约可以描述下面这些大概的情节。

1992年2月，柏林墙倒塌两年后，守墙卫兵因格·亨里奇受到审判。原因是在柏林墙倒塌前，他射杀了企图翻墙而过的青年克里斯·格夫洛伊。法庭上，亨里奇的律师辩护称，这些卫兵仅为执行命令，别无选择，罪不在己。然而法官西奥多·赛德尔并不这么认为，他说："作为士兵，不执行上级命令是有罪的，但打不准是无罪的。作为一个心智健全的人，此时此刻，你有把枪口抬高一厘米的权利，这是你应主动承担的良心义务。这个世界，在法律之外还有'良知'。当法律和良知冲突之时，良知是最高的行为准则，而不是法律。尊重生命，是一个放之四海而皆准的原则。"最终，卫兵亨里奇因蓄意射杀格夫洛伊被判三年半有期徒刑，且不予假释。

你首先是人，然后才是卫兵。亨里奇案作为"最高良知准则"的案例早已广为传扬。"抬高一厘米"是"人类良知的一刹那"，是一种美丽的自我救赎。这"一厘米"是让人类海阔天空的"一厘米"，是个体超于体制之上的"一厘米"。法律是冰冷的，不应该冷却的是人心；体制是冰冷的，不应该冷漠的是教育。我们的体制也许是个坚硬的东西，它所营造的教育环境也过于刚性，但我们的工作是滋养孩子的心灵，不应该也不能过于急迫。我们也许没有时间等待体制的完善，但我们完全可以在体制下加入一些自己的东西，用为师者的智慧、专业和勇气，抵住体制纷沓而来的倾轧，为那些朴实的孩子赢得一个缓冲地带，让他们有可能触碰到教育的柔软。对于教师来说，这不仅是职业尊严，更是一种人性的良知。

恰如你所说，如果我们教师一味地把埋怨、沮丧和发泄作为教育生活的常态，那么我们只能是越来越迷茫，直至丧失教育的信心和勇气。而要改变这一切，就需要我们教师时时记住，无论教育环境如何，你都有"把枪口抬高一厘米"的权利。

王维审

2017年6月11日

遇到蘑菇就蹲成蘑菇

一位很年轻的班主任认真地问我：工作半年，遇到了各式各样的学生，我希望用自己知道的所有来引导他们，讲了无数的道理，引用了无数的典故，但是毫无作用。现在的学生好像油盐不进，你说一句，他们有十句等着你，好像他们比老师知道的还多，比成年人还要世故。我该怎么教育他们？

年轻的老师：

这个问题很常见，却不太容易给出具体的答案。我想，我应该先给你讲个故事：有一个精神病人，以为自己是一只蘑菇，于是他每天都撑着一把伞蹲在房间的角落里，不吃也不喝，像一只真正的蘑菇一样。心理医生想了一个办法。有一天，心理医生也撑了一把伞，蹲在了病人的旁边。病人很奇怪地问："你是谁呀？"医生回答："我也是一只蘑菇呀。"病人点点头，继续做他的蘑菇。过了一会儿，医生站了起来，在房间里走来走去，病人就问他："你不是蘑菇吗，怎么可以走来走去？"医生回答说："蘑菇当然也可以走来走去呀！"病人觉得有道理，就也站起来走走。又过了一会儿，医生拿出一个汉堡包开始吃，病人又问："咦，你不是蘑菇吗，怎么可以吃东西？"医生理直气壮地回答："蘑菇当然也可以吃东西呀！"病人觉得很对，于是也开始吃东西。几个星期以后，这个精神病人就能像正常人一样生活了，尽管他仍觉得自己是一只蘑菇。

故事的结尾是很经典的一句哲理，但我不想引用。借助这个故事，我想告诉你两点：

其一，走近学生，把自己蹲成与学生一模一样的蘑菇，才有可能与学生进行心灵的对话。其实，学生正在做的每一件事情，我们都可以在自己走过的岁月里寻找到隐隐约约的影子，叛逆、失落、困惑，这些问题也无一例外地在我们的青春期一再上演。只不过，走过了，我们也就忘了。当我们做了教师，职业的惯性更不允许我们再回想自己的从前，于是很多人不得不收起曾经和过去，以师者的师道尊严去改变学生，把自己演绎成正义的化身、仁慈的拯救者，期望以自己的"强大"来挽救学生的"弱小"。但往往我们会失败，因为我们忘记了一个事实：蘑菇是不会和大叔交心的，蘑菇只会和蘑菇说话交流。如果我们教师能够懂得一点心理学知识，利用自己小时候的淘气、顽皮与学生来一个自我开放和共情，或许会找到更多教育的切入点。比如，在与一个刚刚和别人打完架的学生交流时，劈头盖脸的指责或许不如"我年轻的时候也像你一样与别人干过架……"这样的开场白来得实际、有效。

其二，当一个人叛逆得一塌糊涂时，任何的训诫、指责和劝慰对于他来说都是无效的，甚至还会起到相反的作用。作为教师，恨铁不成钢的心思大多是根深蒂固的，遇到带刺的学生会有一种彻底征服的"改造欲"。也正是这种善良的错误，常常会导致学生与教师之间的冲突和矛盾。其实，我们不妨学学那位心理医生，默不作声地蹲在学生身旁，敏锐地寻找到学生给予我们的一点点契机，一丝一毫、一点半寸地慢慢渗透到学生的心灵深处，不渴求瞬间的教育神话，而是慢慢等待教育之花的自我绽放。

　　亲其师，信其道。如何教育学生的问题，在很多时候就是如何把自己当成学生的问题。从心理学的角度来说，"把自己当成学生"属于心理机制中的移情能力。移情，在心理学上又叫感情移入，是指能设身处地地理解他人的感情和需要。作为教师的重要素质之一，教育教学中的移情包含两个方面的要求：一是把学生的感情移入自己的心里，即设身处地；二是把自己的感情移入学生的心里，即感染学生。

　　设身处地，也就是换位思考。以备课为例，教师在领会教材时，如果仅仅停留在自己作为成人的认知层面上，就无法获得最接近学生的体验，自然也就备不出一节有效的、学生喜欢的课。再以教育学生为例，当学生犯了错误时，如果教师能够通过"角色互换"的方式去体验学生的认知、情感和需求，了解到学生为什么会犯错——当时是怎样想的，存在的认知局限——忽略了怎样的事实或真相，就有可能找出解决问题的方案。感染学生的关键在于教师要运用自己的体验唤起学生的体验。无论是课的导入、新知的"传"、方法的"授"，还是作业的设计，每一个环节都要尽可能蕴含师生体验交流的契机，要能够唤起学生的同感，引发师生的共鸣。

　　如果你想改变一个人，最先要做的就是改变你自己：遇到蘑菇就蹲成蘑菇，遇到白杨就站成白杨，这才是教育之道。

王维审

2012年3月24日

以改变学生的人生困境为荣耀

> 开学前，学校照例又要向各个班级分配转学的学生。有一个学生从外形上看就是个难缠的"问题学生"，所以每个班主任都拒绝接收。学校领导实在安排不下去了，只好采用"抓阄"的方式来解决问题。这让我想到班里的那些"问题学生"，我实在不知道应该怎么去对待他们……

年轻的老师：

你好！最近有些忙，很久没有留意自己的邮箱了。刚刚因为要给朋友写一封邮件，因而读到了你的留言。很抱歉，回复得有些晚。

在留言中，你说在面对班级里的"问题学生"时感到很纠结：一方面，师德和理性告诉自己要去爱那些"问题学生"，因为他们也是班级里的一员，同样有资格享受老师的爱和善意；另一方面，在情感和行动上自己却无法真的去爱他们，甚至很讨厌、很排斥他们。为此，你感到很痛苦，希望我能够给出一些"良策"，让你能够爱那些"问题学生"，至少让自己不要再去讨厌他们。

读到这里，我很是为你感到高兴，因为你还为此而纠结，还希望自己能够去喜欢"问题学生"。就这一点来说，你比当下的很多优秀教师都要更优秀。在日常的生活中，我接触过很多体制内所谓的优秀教师，一言一行中，他们丝毫不掩饰自己对"问题学生"的厌恶，甚至会把如何排挤走"问题学生"当作班级管理的特色经验——他们从来没有意识到自己存在的问题，从来没有想过要如何去善待"问题学生"。所以，你是我钦佩的，也是我很尊敬的一位年轻教师。也正因此，我更愿意和你就这个问题做深入的交流。

其实，想去除掉你内心对"问题学生"的讨厌，首先要做的就是弄清楚我们为什么会讨厌班级里的"问题学生"，然后才会有解决问题的方法。

对于这个问题，我在给老师们讲课的时候经常拿出来提问。通常来说，我会问他们两个问题：一个问题是，如果你的班里有一个学生经常迟到，从不按时完成作业，上课喜欢故意捣乱，时不时地还会打架斗殴，你会不会讨厌他？90%以上的老师都说会讨厌他。另一个问题是，假如这个"问题学生"不是你的学生，你还会讨厌他吗？同样有90%以上的老师会说不讨厌他。那么，问题就来了，同样一个"问题学生"，在你的班级里，是你的学生，你就讨厌他；不在你的班级里，不是你的学生，你就不讨厌他。这说明什么呢？

唯一可以解释的原因就是，我们以为的讨厌本质上不是讨厌，而是害怕。也就是说，当我们班里有一个"问题学生"时，我们总是害怕他会给我们带来麻烦和坏的结果。你看，本来你的教学成绩很好，可以拿到年级第一名，因为某某同学总是考试不及格，你也就始终无缘"年级第一"；本来你们班的量化积分一路领先，班级流动红旗唾手可得，可是因为某某同学与别人打架被扣掉20分，导致班级积分一下子降为倒数第一……这些"问题学生"似乎是专门为破坏你的"第一"而来的，令你经常会神经紧张，不知道什么时候他们就会弄出一些别样的动静，影响到你的班级声誉，影响到你的教学成绩。

我们为什么会如此害怕？因为我们每一个教师都会自带职业荣誉感。一旦踏上讲台，我们都希望自己成为一个优秀的教师——没有人会从一开始就自甘落后、自愿堕落。而这些"问题学生"，恰恰会成为我们走向优秀的绊脚石、障碍物，让我们的荣誉丢失，脸面丧尽。于是，我们就会害怕，害怕遇到他们，害怕成为他们的老师。现在想想，你有没有这样的想法？如果实事求是地回答，应该有。你看，这是一件多么值得深思的事情，我们以为的讨厌竟然是害怕。

那么，我们应该怎样才能丢掉这份害怕？让害怕消失无外乎两条路径：一是去掉让我们害怕的物体，二是改变我们对害怕的认知。比如说，你要是害怕黑夜，可以用灯光照亮黑暗，也可以把自己的胆量修炼到不再害怕黑暗。对待"问题学生"也是如此，比较简单的做法就是把"问题学生"从自己的班级里挤走，这是教育实践中常见的做法，违规违法但简单实用，并且立竿见影。另外一种做法就是改变我们对"问题学生"的认知，改变我们对荣誉、教育、成功的理解，这种做法难度很大，需要我们有教育情怀和不计利益得失的胸怀。

具体来说，就是要弄清楚我们教学生的目的是什么，是把学生当成证明自己能力的工具还是让学生得到更适当的成长？我经常和青年教师探讨这样一个话题：一个学生考了59分，很多老师会千方百计从试卷卷面上找到1分，让分数变成60分，那么这1分到底对谁有用？很明显，找到的这1分于学生而言不会产生什么作用，无论是标成59分还是60分，他的能力不会因此而改变。但是，这1分却对教师有用，它可以让不及格变成及格，教师的教学成绩就会因多了一个及格而得到提高。我希望的是，透过这样一件小事，让我们明了有些教师的教学观：学生的成绩高低，决定了教师的能力高低，也决定着教师的利益得失。

在这样的认知下，教师就容易把学生看成是帮助自己成功的棋子，也就更加关注学生的存在能不能为自己赢得好处，能不能带来对自己有益的帮助。如此，一旦有"问题学生"闯入自己的生活，自然就会害怕，就会讨厌，甚至"拳脚相加"。相反地，如果教师能够将教育理解成是在帮助学生成长，而不是帮助自己收获，时时关注的是自己可以给学生带来怎样的有效教育，那些害怕与讨厌就都会自然而然地消失。

所以，我给你的建议是：改变自己对"问题学生"的认知，把他们看成是更需要我们关心和帮助的人；改变自己对成功的理解，把能够带给学生更多的帮助、能够带给学生更加适合他们的教育、能够改变学生人生的现实困窘当作自己的荣耀，这才是解决问题的关键。

我想，当你真的能够不带私利地去做教师，就不会因为学生影响了你的进步而勃然大怒，也就不会再对"问题学生"另眼相看、嫌弃鄙夷。那个时候，你就真的成了优秀教师——的的确确、真真正正的优秀教师。

王维审

2020年7月19日

第四章

专业判断：
在行动的关键处用力

教师对自我实践的评估和预测，应该尽快从仅凭经验的猜测切换到专业判断上来。也就是说，教师必须摈弃那种单纯依赖自身或他人过去经验评估和预测的传统做法，建构一种有序而理性、积极而浪漫、严谨而贯通的专业判断标准，实现有的放矢、精准发力的新成长样态。

教师成长的一般性路线

王老师，我是您忠实的读者，您所有的书我都读过多遍。从您的书中，我读到了您不一样的成长历程。我想知道，您对教师专业成长是怎样看待的，能不能给我们做个细致的分享？

年轻的老师：

我工作了25年，做了18年的一线教师，然后最近7年专职做教育研究。当开始以"局外人"的视角，重新梳理和思考自己的一线工作经历时，我也就厘清了教师专业成长的一些必要阶段，以及这些阶段的关键词。

第一个阶段，比较。刚刚做教师的时候，为了找到做教师的方法，我喜欢去回忆教过自己的那些老师，通过一遍遍复述和对比他们的教育智慧，把那些我感觉比较有效果的"招数"在班里进行尝试。几番尝试摸索，几番甄别选择，那些老师的"招数"组合起来就成了我的主要教学策略。慢慢地，我发现自己的教育理念不仅很落后，还带有一些不合时宜的认知，经常会出现一些意想不到的问题，导致课堂教学的低效与混乱。经过彻底反思之后，我开始意识到自己犯了刻舟求剑式的错误——学生变了，我的方法没变，希望与现实自然也就越走越远。于是，我开始把视角转向身边的同事，希望从他们身上汲取到自己需要的营养。很快，我就把优秀的同事进行了一番筛选，从中找到了我最认可、最欣赏的吴老师作为自己的标杆。我决定，自己要学学吴老师做老师的样子，要成为吴老师那样的老师。

第二个阶段，复制。在确定了自己的学习榜样之后，我开始有意识地观察吴老师的一举一动。我把自己的课程表做了一些调整，有意识地与吴老师的课错开，以便自己可以更多地听到他的课，系统学习他的课堂教学艺术。因为我和吴老师在一个办公室办公，除学科教学以外，我还有机会学习到他作为教师的其他优秀经验，比如与家长沟通的技巧。每每有学生家长来访，我会认真聆听吴老师与学生家长的交流内容，默默记下他的谈话技巧与艺术。甚至，他们班的座位安排、值日方式、班级物品布置等也会成为我们班级的参照对象。吴老师是一个很大气的人，对我这样的新手教师和班主任丝毫没有留一手的意识，总是尽可能地把他的教学经验与班级管理技巧充分共享给我，还经常跟我聊一些自己的教育心得。就这样，我开始全面复制他的课堂教学和班级管理，亦步亦趋地走上了教育实践的道路。这一时期的模仿，让我的教学能力和班级管理水平大大提高，个人教育实践开始走上全面提升的正途。

第三个阶段，改进。在个人教育能力足够支撑起教育需要后，我开始注重对吴老师经验的"本班化"移植，而不是简单的复制粘贴。首先做的便是对课堂教学的改进性迁移，以适应自己班级学生的接受能力。其次是对班级管理的具体化，以满足自己班级建设的需要。在那时，吴老师的班级是全年级20多个班级中最优秀的，而我接手的那个班级却是有名的"破烂班"，所以他们班的一些做法在我们班里无法复制。于是，我开始对他的做法进行"本土化改造"，把一些不符合我们班班情的方法进行改良。就这样，在吴老师的基本策略框架之下，我对班级管理制度进行了颇为频繁的修订，直至形成了一套适合自己班级的班级管理制度，并有了一些改进和提升。可以说，这个阶段存在的时间最长，属于我的班主任生涯的积淀期。因为有吴老师的做法可以借鉴，再加上自己爱琢磨事，我的班级管理达到了"炉火纯青"的地步，我逐渐成为家长信赖、领导认可的"优秀"班主任。在很长的一段时期内，学校教师都会想方设法把子女或亲戚的孩子送到我的班级里，这足以说明我的班级管理得到了大家的认可。

　　第四个阶段，创新。这一点，我想以班级管理为例。从吴老师那里，我学到的最重要的班级管理策略就是"量化管理"，简单来说就是用分数量化学生的行为规范和道德品质。这种方式简单易操作，并能够有效地管理学生的行为，从而一度成为我管理学生、调控班级的重要手段。直到有一天，我最信赖、最喜欢的一位值周班长被班里的一群"坏学生"以"锄奸"为名暴打一顿，而其他同学却把打人者视为"英雄"。此事让我陷入了深思，在我的严密调控之下，我的班级管理到底缺少了什么？在与其他同学充分沟通之后，我猛然间意识到，教育里不能仅有控制和生硬的分数，它还应该拥有温暖和善意。从那以后，我开始把故事引入常规教育之中，开始了故事与教育的融合研究。在这一时期，规范的教育科学研究逐渐成为我的工作常态，先后通过三个省级规划课题实现了从叙事班会（用故事设计班会课）、叙事德育（以故事为元素改造德育）到叙事教育（探索故事与教育融合的新理念）的上升式研究，逐渐形成了自己的教育理念——叙事教育。

　　从比较与复制到改进和创新，大概描述了我个人专业成长的四个主要阶段。其中，比较是摸索，是寻找，为自己的职业生涯安放垫脚石；复制是模仿，是仿造，为自己的成长树立标杆；改进是内化，是改良，是把他人经验本土化的过程；创新是再造，是发展，是一个人理念形成和推广的关键。从实践来看，大多数人会停留在第二或第三个阶段，极少有人能够达到第四阶段。而这，却恰恰是教师专业成长最重要、最关键的一环。

　　我是一个普通教师，我的成长过程和结果并不典型，但由这四个关键词标注出来的成长路线却带有一定的普遍性，也许可以带给你一点启示。

王维审

2020年12月10日

千万不要误会了"优秀"

　　刚刚做老师的时候，我一直特别享受那种原生态的自由自在：课堂上遇到问题，可以"肆无忌惮"地与学生争辩；课堂之外碰到好玩的物件，可以没大没小地哄抢至乱作一团；异想天开了，就带着学生不顾一切地去探个究竟……直到有一天，我很敬重的一位老教师告诉我："你很有能力，又很聪明，如果从现在开始好好努力，几年后一定可以成为最优秀的老师。"

　　一下子就有了输赢心。在此之前，教育对我来说只是踏进教室时的那一份快乐，那种费了九牛二虎之力弄清楚了一个问题之后的畅快感。没有征服，没有竞技。但在我感到自己有可能成为最优秀的教师之后，我便不能再单纯地享受教育，开始为自己暂时的落后而焦虑，会为自己没有明显的进步而生气，开始有了那种不甘落后的不服气，甚至有了因未能超越他人而滋生的沮丧。我开始关心成为优秀教师必须获得哪些荣誉，去打探哪一种荣誉称号可以通过怎样的方式来获得。就这样，我在追求"优秀"的道路上越走越累，越走越难，越来越迷茫。我想知道：追求

　　优秀不对吗？生命的意义不就应该是一步步走向卓越吗？

年轻的老师：

　　看到你的邮件时，距离你发邮件的日子已经一月有余，希望你的焦虑已经随着时间慢慢变淡。在邮件中，我读到了你现在的焦虑不安与走不下去的苦闷，也感受到了你对"为什么追求优秀会这么痛苦"的追问。现在，我们尽可能心平气和地问问自己——追求优秀有错吗？答案肯定是否定的。无论什么时候，无论什么职业，追求优秀肯定是一种值得鼓励的行为。我想，你在追求优秀的道路上出现困惑的原因，应该是我们可能误会了"优秀"。对于教师来说，只有先弄明白了"优秀"是什么，才有可能在追求优秀的道路上自由而灵动地成长。那么，优秀到底是什么？

　　优秀是自己与自己的比较。优秀需要"比"，这一点毫无疑问。问题的关键在于和谁比，是向内比还是向外比。一个习惯于向外比的老师，他在上课时会更多地去关注教学流程是否完美流畅，是否比同事的课更吸引别人的眼球，是否能够让前来听课的教师颔首称赞，是否能够在优质课评比时拿到好的名次，而很少会关注自己和学生的感受。当人有了非得把别人比下去的念头以后，内心就会被担忧、恐惧和不安所占据，生活和工作就会始终处于"战斗"状态，从而导致情绪上的不安与行动上的苛刻。如此，就会出现这样一种"优秀"教师：教学成绩突出，班级管理高效，家长和学校认可，学生却并不喜欢他。为什么？大概是因为这些老师的教学成绩是由压榨与逼迫而来的，那些分数里包含了太多学生的委屈和压抑。所以，真正的优秀应该是与自己比，用此时的自己与过去的自己比。这种向内的比较，看到的是小而持续的进步，引发的是深刻而有效的自我反思，收获的必定是自由而灵动的成长。也就是说，真正的优秀是让每一天的自己都比昨天更好。

　　优秀是人生的高品质状态。 从自然的喜欢到不再纯粹的努力，竞争之心放错了地方，便徒增了很多疲惫和压力。很多人以为，优秀就是在竞争中获得成功，就是在努力之后达到人生的巅峰，这实在是对优秀的一种错解。在更多的时候，优秀只是人生的一种状态，是人在生活中透露出来的气质。比如说，我们说一位老师很优秀，侧重表达的应该是他在道德品质、为人处世、教书育人中显现出来的成熟与完美，与他是不是特级教师、名师并没有多大的相关度。当然，功成名就也是优秀的一部分，但是优秀未必非得达到功成名就的境地。所以，一个教师走向优秀的过程应该是自我修炼的过程，就是让自己的教育生涯趋向完美的过程。逐渐改变人生中不尽如人意的缺陷，慢慢提升自己的教育艺术与智慧，把自己培养成一个心地善良、胸怀坦荡、理念超前、能力精湛的人，并让这份人生气质在平凡的教书育人中自然呈现，也就完成了优质人生的锻造。如此，优秀只是人生的一种状态，与平淡、普通等构成了人生的千姿百态。只不过，相对来说，优秀是人生的一种更美好的状态，是众多人生呈现方式中的高品质选择。

　　优秀是个人独特性的无限发展。 每个人都是独特的，都有着与别人不同的价值。小草的优秀是匍匐于地面却能绽放浓郁绿色的倔强，大树的优秀是伟岸挺拔、直插云霄的冲天豪气。我们不应该要求出水芙蓉变成雍容华贵的牡丹，也不应该强求山坡上的小野花变成风姿摇曳的玫瑰。对于世间的万物来说，各美其美，各自守住各自的美，那就是最真实的美好。教师的优秀也是如此，知道自己是谁，明白自己需要的与愿意努力的，找到自己擅长的，一直一直地做下去，长成一个独一无二的自己，也就完成了优秀的自我锻造之路。其实，如果我们认真去研究那些名师的成长之路，会发现他们并不只是单纯地在优质课评比中获过奖，也并非仅仅有着傲人的教学成绩，能够彰显他们优秀的，恰恰是他们在某一个领域的独到理解和主张。比如，于漪的"教文育人"，李吉林的"情境教育"等。他们无不是在长期的教育实践中慢慢找到了自己的专长，进行了长期的实践研究，逐渐形成了独特的教学风格。而正是这些独特性，才成就了他们的名家身份与优秀特征。

大概，我们还可以用很多类似的语句来表达优秀的内涵，却无法一一把它们罗列出来。可以肯定的是，优秀不只是过五关斩六将，不只是超越他人、领先群体。

王维审

2019年10月2日

是要"补短"还是要"舍短"

有一位教师留言说，自己经常听一些名师的课，也很关注名师的成长经历。最初的时候感到很励志，也曾发誓要像他们一样优秀。后来，他发现自己与名师有很多基本素质上的差距，其中，有些差距是与生俱来的。这些与生俱来的差距让他失去了努力的勇气。他问：成为名师是不是需要天分的，后天的努力是不是无效，一个人怎样才能克服自己的缺陷呢？

年轻的老师：

我想告诉你的是，"金无足赤，人无完人"。我们每一个人都有自己的长处和短处，那些名师的身上同样会存在着这样或那样的"短板"。他们之所以成功，只不过是找到了对待自己"短板"的恰当办法而已。那么，教师应该如何对待自己的"短板"呢？我认为，方法有两个。

一是补短。一个木桶盛水量的多少由最短的那块木板长度来决定，这就是著名的"木桶理论"，也称"短板原理"。这一理论告诉我们，一个人要想成功就必须把自己的"短板"补长。邻县有位小学数学教师，几次参加讲课比赛都因普通话不好而影响了名次。为了补齐自己的这个"短板"，她开始苦练普通话，每天坚持听新闻，并跟着播音员练习发音。经过长期训练，她的普通话水平大幅度提高，个人的综合素质有了巨大提升。现在，她不仅是省课赛、国家课赛一等奖的获得者，更因其完美的综合素养而成为专门的教学研究人员。可以说，她是通过"补短"从而使个人素质整体提升的一个很好的例子。

事实上，一个人的"短板"不仅可以补到和其他"木板"一样长，还有可能把"短板"变成"长板"。我国著名数学家张广厚上小学时，由于算术成绩特别差，没考上初中，但他相信只要勤奋学习，一定能克服知识上的缺陷。于是他仔细分析了自己学习上的毛病，特别是数学学不好的原因。经过苦练，他的学习成绩有了显著的提高，并以优秀的成绩考上了中学。在中学阶段，他学习更加勤奋，读完中学又以优异的成绩考上了大学，最后在数学方面刻苦钻研，成了国际公认的大数学家。

二是舍短。有的时候，关注优势会比关注劣势更重要。"木桶理论"固然有其积极的一方面，特别是一些事关重大的"短板"确实需要花费巨大精力去弥补。但是，对于一些无关生死、不伤筋骨的"短板"，我们也可以选择舍弃，而专心发展自己的长处。现在，各地都特别重视教师的专业成长，也十分注重对青年教师的培养，往往不惜高价邀请名师大家到校传经送宝，并组织教师学习、模仿。其实这种做法并不可取，教师的专业发展应该是扬长避短，而不是一味地去模仿别人的长处。更何况，很多名师的经验并不具有"可复制性"，盲目地让教师追随他人的经验，难免会落下邯郸学步的笑柄。

某饮料公司在中国的战略就是这样：他们把诸如制作、发货、物流、渠道拓展等工作全部外包，只保留市场部的几个人专营饮料品牌。在他们看来，只要把品牌这个"长板"做得足够好，就能让公司获得成功。某搜索引擎公司于2011年以125亿美元的高价收购了M手机公司，却在2014年初，以29亿美元的低价把M手机公司出售了。原因就在于，该公司是做系统的，他们当初打算买个手机公司来弥补自己的"短板"，现在却发现还不如专注于自己擅长的"长板"更好。

每一个人都是独特的存在，在面对自己"短板"的时候，到底是"补"还是"舍"，这需要综合考虑自己的喜好和发展方向。那种为了追随名人而盲目把"短板"拉长或者舍弃的做法都是不可取的，因为你不是他们，他们也不是你。具体到教师的专业成长来说，首先要明确自己的短处，在具体的分析和判断中选择"补短"还是"舍短"；其次就是行动，要胸怀水滴石穿的激情和信念。

在我的身边，既有通过"补短"成为综合素质飞跃提升的名师，也有通过"舍短"成为在某一领域具有话语权的专家。通常来说，"补短"可以成就整体效益，"舍短"可以凸显独特性。因为"舍短"的本质就是扬长，扬自己之长，避自己之短。

王维审

2018年5月23日

应该如何看待名师的经验

王老师，我从事教育工作三年，做班主任也有两年。自从当了班主任以后，我的生活就乱了套。有时候，我就像是一个消防员，拼尽自己的全力去压制班里不断蹿出的事故苗头；有时候，我又像是一个不称职的警察，用最简单、最粗暴的方式去解决班级里大大小小的矛盾。我被班级里不断出现的问题所纠缠，始终无法脱身，也无法让自己静下心来去做真正的教育。

但是，当我参加培训活动时，每次听到的都是名师们侃侃而谈的育人经验，听起来特别轻松，似乎他们的班级里根本就没有那么多麻烦事需要去处理。我很困惑，不知道是我做得不够好，还是他们有意隐藏了自己不光鲜的管理手段……

年轻的老师：

你的疑惑或许也是很多青年教师的疑惑：明明自己在真实的班级工作中天天累得昏天黑地，名师们却说得那么轻巧自在；明明班级里的麻烦事管都管不过来，名师们却闭口不谈自己如何"镇压"班里的捣乱分子……似乎自己经历的教育与名师们分享的教育总是不在一个频道上，难道真的是名师们在讲座时有意美化了自己的教育实践吗？

其实，你对班主任工作现状的描述很真实，但名师们的讲座也并非虚夸，这两者之间的"鸿沟"应该是理念上的差别。我觉得，班主任工作可以从两个视角去看：一个是管理视角，另一个是发展视角。

在管理视角下，班主任工作最需要解决的是班级秩序问题，是营造一个安定团结、井然有序的班级环境，班主任工作的核心内容是治理班级之"乱"。基于这种认识，班级问题就成了单纯的管理问题，班主任自然也就成了班级的管理者，班级工作的着力点在于控制和打压。

而在发展视角下，班主任工作的本质是解决学生成长和班级发展中遇到的问题，是一个不断解决成长困惑的过程，班主任既是学生成长的导师，也是班级建设的设计师。基于这种认识，班级问题更倾向于教育问题，班主任的角色定位更偏向于教育者，班级工作的重心在于解决问题，也就是所谓的解"惑"。不同的视角决定了不同的教育实践，也就决定了一个人习惯于用治"乱"的方式去管理班级，还是用解"惑"的方式去建设班级。

毋庸置疑，在班级组建之初，班级建设需要侧重于管理，要制订必要的班级管理制度以及适宜的奖惩措施，以保证班级正常秩序的维持。在这个阶段，班级中的一些问题可以通过制度的约束得以解决。

但是，慢慢地，我们就会发现，班级管理制度并不能包治百病，更无法解决一些深层次的问题。比如，在最初的时候，班级建立了作业检查制度，大多数学生都会认真去遵守，极少有不按时完成作业的同学。时间久了，制度往往就会因习以为常而淡化其功效，不完成作业的多了，作业不认真的多了，班主任自然就成了匆忙的管理者，批评这个、呵斥那个。如此，管理就开始变得烦琐，管理的效率也开始下降。这或许就是班级问题频频出现，班主任忙于"灭火"的原因之一。

　　为什么说是原因之一？因为制度的陈旧和新鲜感的褪去，并不是管理效能变弱的全部原因。这里面还有一个深层次的问题，那就是一些看似是"乱"的问题，实则是"惑"的问题，如果我们用治"乱"的手段去完成解"惑"的任务，肯定就会事倍功半。

　　举个例子来说，一个学困生不交作业，可能并不是不想去做作业，而是根本没有能力去完成。如果我们单纯用惩罚的手段去管理，就会造成他的成长之惑——我都不会做，怎么办呢？同样，一个优秀的学生拒绝交作业，也许并不是学习态度的问题，更不是道德品质的问题，而是他有着另一种困惑——这些作业内容我都会了，为什么还要去浪费时间写作业呢？

　　所以，当班级里出现了各种层次学生不交作业的现象时，我们就不能简单地去治"乱"，而应该考虑如何解决学生的"惑"——怎样才能让他们在完成作业这件事上获得更加明显的成就感？如此，我们才可能去相应地调整自己的教育方式，比如改变作业布置的形式，变整齐划一的作业要求为"分层作业"，按照学生的需要去布置有利于各自成长的作业。这样一来，看似单纯的管理问题就变成了教育问题。

　　最后，我想告诉你的是，那些做讲座的名师们并没有刻意掩藏什么，只不过他们的班主任工作已经超越了通常意义上的管理，具有丰富的实践智慧和专业理性，更多的是站在教育者的角度去解"惑"。而我们则更多的是站在管理者的角度来治"乱"，还处在班主任专业发展的最初级阶段。

　　概言之，班主任的专业发展有着不同的阶段，每个发展阶段都面临着不同的困难和挑战，年轻班主任缺乏与实际工作密切相关的教育专业知识、经验和管理技能，唯有在实际工作中，加强教育专业知识和管理技能的学习，不断反思自己的教育教学实践活动，总结积累经验教训，才能使自己的专业技能逐渐达到成熟阶段，才能站在教育者的角度去解"惑"，进而成为领军人物。

王维审

2021年3月17日

怎样把成长的动力交给自己

　　我是一位特别要求上进的老师，在工作中干劲十足又勤奋好学，似乎每天都可以听到自己拔节成长的声音。没几年的时间，无论是教学成绩还是课堂教学能力，我都达到了巅峰——教学质量奖拿到了最高的级别。然而，在接下来的时间里，我却慢慢失去了动力，什么事情都不愿意再去尝试，更不愿意做出新的努力和改变。我也很想像原来一样能够"天天进步"，却总是空想有余而身体不愿意付诸行动，好像总有个声音在不断告诉自己：你已经很好了，不需要再那么拼命了。最近几年，我觉得自己的教学能力不但没有提高，还有了要走下坡路的趋势。我该怎么办？

年轻的老师：

　　在回答你的问题之前，我想先聊一件事。在我们这里，2019年的职称评审中课题和论文被取消了。所谓的取消，其实就是不再进行赋分，不再是职称晋升的一个加分项目。我随机问老师们："你们还愿意去做课题研究吗？""谁傻呀！不加分还去费那个劲干吗？"很多老师的回答理直气壮。不加分了，就是没有用了；没有用了，自然就不需要去做了。对于一些教师来说，驱动自己在行动上有所努力的原因，大都与外在的"诱惑"有关。我想，你会从之前的"积极进取"变成今天的"不思进取"，主要是因为能够吸引你行走的"外力"不足了。如果要想重新获得激情和动力，可能的路径有两个：一是向外寻找动力，二是向内修炼功力。

我们先来谈谈"向外寻找动力"的话题。

这些年，各级教育行政部门和学校为了促进教师成长，的的确确采取了一系列政策措施，其中最为常见的便是通过评价激励教师。比如，在基础教育阶段设置正高级教师岗位，似乎就是为了解决过去"副高到手便无所追求"的现象；再比如，为了促进教师"全面"发展，便在各个领域设置丰富多彩的评优评先项目，奖项越来越多，获奖的机会越来越大，等等。这些措施和做法，看起来很符合常理和常规，也似乎很有道理。但是，设置了正高级教师岗位以后会不会出现"正高到手便无所追求"的现象？以后还要不要设置"正正高"？设置了那么多奖励项目，总会有荣誉到顶的时候，那时应该怎么办？假如一个人获得的职称到顶、荣誉到顶又该如何？更何况，绝大多数人并没有机会获得高职称、高荣誉，当一个人对职称、荣誉都失去信心的时候，我们设置的这些外在奖励还会不会有作用呢？概言之，当外在评价所带来的奖赏成为可望而不可即的"水中月"，或者已经无法再增加时，激励老师们去努力的因素又应该是什么呢？

很明显，用外在的奖赏利诱，终究不会产生持久的动力。这些外在的奖赏利诱，从实践上来看都存在着某些弊端和缺陷。那么，我们该怎么办？有人说，鸡蛋从外打破是食物，从内打破是生命。教师成长也是如此，凡是由外部而来的，大多会成为一种压力；而从内部生发的，则大多会是有益的持久动力。

如此，就涉及第二个话题——如何把成长的动力交给自己？

一般来说，新教师在入职后会有一个短暂的快速成长期，可以在三至五年内达到教师职业的第一次高峰。当这次高峰到来后，教师成长会出现暂时停顿的现象，这就是教师职业发展过程中的"高原现象"。"高原现象"的出现，主要是因为当教师的能力达到一定水平时，旧的能力结构限制了教师按照新的方式组织教育教学活动，在没有完成新的能力结构改造之前，教师的教育能力会停顿或暂时下降。如果教师想继续获得进步，就要改变现有的能力结构和已经习惯了的方式方法。简单地说，当教师的职业能力达到一定的水平时，一招一式的小变革就不足以满足能力转型的需要，而是需要进行彻底的结构性改组与再造。而这种改组与再造是一个艰难的过程，很多教师就会在这个时候败下阵来，从而出现职业倦怠。

教师成长是一个过程，通常会经历开始阶段、迅速提高阶段、"高原期"以及再次提高阶段的往复循环。这其中的"高原期"尤为重要，它就像是黎明前的黑夜，熬过去就能进入职业的崭新发展期，熬不过去就有可能导致职业发展的停滞甚至是倒退。那么，教师职业的"高原期"应该如何去突破？我觉得可以从体育运动中的"极点"现象来给自己一点提示。在中长跑时，由于能量消耗大，达到一定程度后便会出现呼吸急促、胸闷难忍、动作不协调，甚至恶心等现象，这在运动生理学上称为"极点"。当极点出现时，若能够保持情绪稳定、深呼吸，并坚持下去，上述生理现象就会逐步缓解甚至消失。这是由于氧供应逐步得到增加，人的机体功能重新得到改善，从而使运动能力提高，动作重新变得协调有力，生理过程重新出现平衡。这种现象在运动生理学上被称为"第二次呼吸"，它是克服"极点"现象的关键。

借助这一理论，教师职业生涯进入"高原期"后，就有必要尽快启动成长中的"第二次呼吸"。具体来说，可以从以下三个方面进行努力。

修炼个人意志力。初为人师，教师往往是凭借激情做教育。经过长时间的实践，获得新知识和新能力的频率越来越低，难度也越来越大。在大多数时候，教育实践难免陷入琐碎和重复的怪圈，既没有新鲜感也缺少吸引力。因此，教师的职业兴趣也会有所下降，时时会感到疲劳，甚至产生厌倦情绪，从而导致教育动机水平的迅速下降，这就是促使"高原期"到来的一个心理因素。此时，就特别需要教师的顽强意志力，通过意志力来维持强劲的动力系统。实际上，突破"高原期"就像是翻越一座山，在能力与体力相当的情况下，谁的意志力更强大，谁就更有可能取胜。所以，在遭遇"高原期"时，教师首先需要去做的就是修炼个人意志力。

重新进行职业生涯规划。大多数教师都抱有成为优秀教师的理想，但理想只是一个笼统的成长方向，往往缺少明晰的发展方向与阶段性目标。教师成长的过程中一旦遇到瓶颈，或者遭遇到挫折与困难，教师就很容易选择随波逐流，按照无须努力的方式应付工作。所以，教师的职业生涯进入"高原期"后，应该及时进行自我诊断，并在此基础上修正或重新进行职业规划。一位马拉松赛跑冠军的成功秘诀是"分段实现自己的理想"。在比赛前，他会把比赛线路认真看一遍，并把沿途比较醒目的标志物画下来，作为一个个的小目标。比赛开始后，他会努力冲向第一个目标，到达后再冲向第二个目标。如此，四十多公里的赛程，就被他分解成很多小目标轻松跑完了。其实，教师的职业规划也需如此，把宏大的理想制订成具体的行动方案，预设好可能会遇到的困难和遭遇的不堪，不仅可以有效缓解前行过程中的心理压力，而且有助于增强"第二次呼吸"启动的计划性，不至于产生因临时抱佛脚而引发的恐慌。

积极开展自我更新。旧的能力结构开始稳固，新的能力结构还未形成，这期间的过渡衔接是造成"高原现象"的主要原因。在完成职业规划之后，教师应该积极进行自我变革，主动优化知识结构，发展新的教育技能，不断寻找新的参照物和成长点。比如说，在课堂教学能力的提升上，绝大部分人会止于县、市一级的优质课评选，能够参加省级课赛的人少之又少。当一个年轻教师在课赛的道路上已经走到尽头时，就很容易造成成长的恐慌——以后我要做什么？这就意味着，他的成长"高原期"即将到来。此时的他，必须迅速找到新的"发光点"，将技能竞争型的课堂教学能力提高手段转换到课堂教学研究上来。比赛有极限，研究无穷尽。当一个人把兴趣聚焦在突破疑难问题、建构理论体系等更为远大的目标上时，他就一定可以在不断的能力更新过程中获得动力和激情。从实践创新到理论建构，从特长发展到品牌锻造，这些突破性的自我更新，既是教师突破"高原期"的路径，也是最终的追求目标。

王维审

2019年10月7日

努力改变"匍匐着"的教育人生

　　王老师，你好！读了你的书，收获很多，特此感谢！我是一个特别内向、胆怯的人，因为没有出众的外表，再加上一颗羞涩的心，我感觉自己就像泥土一样平凡。我不愿意与他人争，只是默默地工作，成绩平平，与优秀无缘。工作十多年，我连一级教师也没有被评上，因此感觉特别失败、失落。读了你书中的那篇《教师要有站起来的底气》，我才发现自己太懦弱，因此一直在匍匐着。你说我该怎么办？出路又在何方呢？

年轻的老师：

　　说实话，你短短的几句话却打动了我。因为我知道，在教师队伍中确实有这么一个群体：工作上勤奋努力，成绩却始终不上不下，各个方面均不突出、不冒尖，不容易引起同事和领导的关注；生活上又不善交际和沟通，也没有什么外力可供依靠，导致在成长的各个环节总是慢人一步，关键时候还容易"掉链子"。长期处于这样一种状态的人，平时倒也不会有什么过于纠结的想法，大都会有一种"习惯了就好"的自我默认和解脱。但是，一旦遇到外来的关键"刺激"，就又会产生强烈的不舒服、不甘心、想要挣扎改变的念头。而这些念头一来，却又找不到改变的方法，也没有努力的方向，于是就开始迷茫、困惑，甚至是焦虑。

我想，你或许就恰恰处在这样的状态中。而事实上，像你一样纠结着、焦虑着的普通教师并不在少数，他们极易被人忽略，也很难引起管理者的重视和关注。但我以为，他们虽然不是闪闪发光的名师，却是支撑着中小学教育的"绝大多数"。可以说，他们这个群体的成长与突围，对于基础教育发展的作用不容忽视——他们找到了成长的方向，有了新的理想和追求，教育就有了活力、激情和力量；他们沉沦了、消沉了、迷失了，丢失了突围的信心和勇气，教育的未来就值得我们去担心和忧虑。所以，深度剖析这些教师的存在环境，引导他们去寻找实现突围的关键力量，可以帮助的就不仅仅是你一个人，而是一个群体，一个决定着基础教育未来的群体。

为什么会有这样一种群体存在？这应该与教育评价的金字塔结构有关。在现行的教育评价模式中，越是高级别荣誉，获得的人就越少，越是高级别职称，岗位设置的数量也越少，教师的成功结构被设计成金字塔状——高层次的成功者处在尖尖的顶端，普通的一线实践者处在最底端，整体来看就是越往上，人数越少——处在最底端的永远是教师群体的绝大多数。换句话说，教育行政认定下的教师成功制度，注定是一个"少数人成功、多数人普通"的制度，很容易让绝大多数一线教师在行政认可的话语体系中处于"无望"状态。我相信，教师在最初走上讲台时，内心里一定预设过成为怎样的优秀教师，一定梦想过拥有怎样辉煌的教育人生。但是，走着走着，距离荣誉的距离越来越远，几经失败，也就失去了继续追求的意识和勇气。于是，开始踯躅不前、试探性放弃，继而便可以心安理得地接受自己当下的位置。于是，就有了挫败感和失落感，也就有了"匍匐着的教育人生"，以及关于何去何从的追问。

　　那么，如何才可以改变教育人生的"匍匐"，如何才能够让每一个教师都有获得站在成功顶端的机会？我觉得首先要做的就是打破教师成功的金字塔模式，变为数不多的成功标志为无数种成功标准。有人说，多一把尺子就多一种成功的可能，但这绝对不是靠增加一两把尺子去丈量，而是每一个人都自备一把尺子进行自我丈量，这是一种自我成长、自我成功的模式。与教育行政模式下的成长方式不同，它不是设定好成功标准让教师们去努力拼抢达标的名额，而是帮助每个人去发现自己的特长，然后将特长打造成特色，再把特色锤炼成品牌。这样的成长与成功模式，就是为所有人都打造了一个成功的标准，都提供了一种成功的可能。只要我们按照自己的轨道去努力，都有可能登上成功的巅峰、人生的巅峰。成功的样子千姿百态，成功的可能万种千般，成功的人自然也就不计其数。你善于与"问题学生"沟通，就有可能成为"问题学生"教育专家；他擅长课堂教学设计，就有可能成为专业的课堂达人……每个人都会在自己的轨道上成为领跑者。

　　当然，这绝对不是教育行政评选可以实现的模式，我们只能靠自己，让自己专注于某一件事情。所谓的"一事精致，便能动人"，其实就是要求我们要习惯于在一个方向上保持专一，在一个领域里保持坚守。因为专注于一事，就可以忽略既有的、不可改变的现实，就可以无视俗世里那些牵绊精神与灵魂的东西，就有可能在坚守的地方赢得自信，乃至成功。

王维审
2020年9月3日

我们应该为什么而教

"分分分，老师的命根。"工作几年里，我的教学成绩一直很好，所带班级每次考试都在年级里遥遥领先。但是，学生好像并不喜欢我，有些同事也说些风凉话——成绩都是挤压出来的。对于学生来说，好的成绩不是最重要的吗？没有分数，他们拿什么去与别人比拼呢？我觉得，不管用什么方法，只要是提高了学生的成绩，就是对学生的一生负责。王老师，您觉得我的想法有道理吗？

年轻的老师：

我很愿意和你谈关于分数的话题，也愿意深入地谈谈"分数的重要性"。如你所说，在很早很早的时候就流传着"分分分，老师的命根"之类的说法。所以，想真正开启这个沉甸甸的话题，就有必要谈谈我最近参加过的一次座谈活动。在那次教师座谈会上，几位老师分别谈了自己的教育经验，给我印象比较深的有三个人的发言。

今天的教育很喜欢拿分数说事，衡量一个学生的能力大小要使用分数，评价一个教师的优秀与否要使用分数，考量一所学校的教育水平高低要使用分数。这种片面的观念让教育里的人对分数过于渴望。因为渴望，做起来就难免急躁。而一旦急躁，教育就成了一种获取的手段。于是，教育的内涵变得越来越单薄，教育的方法也变得越来越激进：延长学习时间、拼命做题、严管高压，这些"激素式"的得分高招几乎成了教育成功屡试不爽的法宝。

但我疑虑的是，这种纯分数的较量算不算教育的成功？

每每谈及教育，当老师的都会发出这么一个共同的声音：道理谁都懂，谁都知道真正的教育应该注重学生的全面发展，注重学生素质的培养，但是身处尘世，身不由己呀！换句话说，不是我们不希望做素质教育，不是我们想搞应试教育，而是因为别人都在搞应试教育，都盯着分数不放，我们深陷这样一个环境，不从俗又能如何？从某种意义上来说，社会大环境和现实的确让我们置身于应试教育而很难自拔，但这并不意味着我们就必须随波逐流，并不意味着我们连觉醒的勇气都必须丧失。说实在的，我也曾经执着于应试教育，也曾经无怨无悔地追求过分数，并且在前些年还做得比较"成功"，在获取分数的这条道路上，我算是比较成功的老师。所不同的是，我对自己有过反思，对教育有过忏悔般的思考。或许正因为我曾经在获取分数的战役中势不可当，所以更懂得在这样的拼抢中，我们到底失去了什么，遭遇过什么。

其实，分数和学生对我们而言并不是非此即彼的选择。也许，在我今天的教育过程中，仍然会有对分数的追逐。但是这并不影响我对素质教育的理解，也不影响我对应试教育的质疑。我想要说的是，分数本身不是一种罪过，追求分数也不影响实施素质教育，问题的症结在于我们以什么样的心态、什么样的方式来赢得分数。

曾经看过一个电视剧，里面有一个剧情吸引了我这个不大喜欢看电视剧的人。故事中的两个女主持人，为了得到当红电视栏目金牌主持的位置，进行了一场特殊的比赛——分头去采访一个女受害人，谁先采访到这个因受到严重伤害而不愿见陌生人的女孩，谁就担任这个栏目的金牌主持。主持人甲颇有采访经验，是一个很职业的新闻人，她使用了各种采访技巧，但依旧无功而返。主持人乙是个初出茅庐的新人，新闻从业经验不足，从一开始就担心这种采访会伤害到当事人，所以她并不是抱着得到采访机会的目的而去努力，反而以帮助这个受害人摆脱困境为自己的目标。她的努力最终打动了这个受害人，采访很成功，受害人也通过这个节目获得了重新生活的勇气。从故事来看，她们的终极目标是一样的，都想得到当红电视栏目金牌主持的位置。但是她们的心态是不一样的，一个仅仅是为了金牌主持，一个还想着帮助别人。

对于教育来说，在现在这个社会环境中，我们不可能超然于俗世，无视分数对于学生的现实意义。从某种意义上来说，分数能体现人某个方面的素质，它和健康的身体、健全的心智、阳光的心态一样，都是人生需要的。应试教育也罢，素质教育也罢，帮助学生获得比较好的成绩也是教育的价值之一。我觉得我们所能做的，就是像主持人乙一样，不要仅仅带着分数出发，不要只是为了分数而出发，当你把帮助学生获得更好的成长作为出发的心态时，或许你的教育就会人性一些、理智一些，或许你才能心安理得地收获一些意外的分数。

教育应该是一个缓慢而优雅的过程，我们做老师的只需要在孩子的心中播下一粒种子，留住那些最初的简单与纯粹、阳光与雨露，然后把它交给时间和岁月，静候每一个生命自然而美好地成长。这，或许才是教育的真正意义。黎巴嫩诗人纪伯伦早就告诫过世人："我们已经走得太远，以至于忘记了为什么而出发。"我倒是认为，我们最大的问题不是忘了为什么而出发，而是从来就不知道为什么而出发。所以在我看来，我们现在最需要做的就是弄明白——我们为什么而出发。如此，我们才有可能去判断分数的重要性。

王维审

2020年12月28日

别让"平庸之恶"成为理由

> 其实，你在上一封信中说的那些道理我都懂。但是，考核老师的依据就是分数，不使劲搞分数怎么晋升职称？怎么涨工资？老师也是平凡人，也需要吃饭。我倒是觉得，只要高考不改革，只要体制不改变，我们这些普通老师就做不了什么。我们不"唯分数"的结果会怎样？

年轻的老师：

在上一封信中，我主要是与你商讨了"如何看待分数的重要性"的问题。刚刚读到你的回信，知道你又有了新的困惑。按照你的话说，你困惑的不是分数的重要性，而是被迫重视分数的无奈。我很认真地品了品你话语中透出的"怨言"，也可以感同身受地体会到你那种"被迫做恶人"的不得已。但是，我觉得这不能成为我们随波逐流的理由。

这里的"被迫"是说，"唯分数"并不是你的本意和初衷，你也知道教育不能只追求分数和成绩，只不过是大环境容不得自己自由选择，所以只能是身不由己地随大流。这也映射出当下教师的一种比较普遍的心态——理解并认可素质教育，但却很难追随并践行素质教育。事实上，"教育不能唯分数"算得上是教育中的公理，既无须证明也无须验证，其中的道理老师们都很明白，甚至比某些专家理解得还要深刻，但大多数人却依然选择了"唯分数"的教育方式，选择了紧跑慢跑追随"应试教育"的道路，这其中的心理现象大概可以借用"平庸之恶"来解释。

1961年，以色列政府对奥斯威辛集中营的主管艾希曼进行了审判，当法庭控告艾希曼签署命令杀害数十万犹太人的罪恶时，他却以"我只是链条上的一环"来辩解。当时，汉娜·阿伦特以《纽约客》特约撰稿人的身份，现场报道了这场审判，并于1963年出版了《艾希曼在耶路撒冷》，提出了著名的"平庸之恶"的概念。汉娜·阿伦特认为罪恶分为两种，一种是极权主义统治者本身的"极端之恶"，另二种是被统治者或参与者的"平庸之恶"。其中第二种比第一种有过之而无不及。一般认为，对于显而易见的恶行却不加限制，或是直接参与的行为，就是"平庸之恶"。如：赵高指鹿为马，群臣点头称是；纳粹建集中营，人们竞相应聘。这些都是典型的"平庸之恶"。

当然，对教育的不同理解不存在罪与非罪，也不关乎恶与不恶。毋庸置疑，无论是追求为分数而教还是追求为素质而教，教师的教育实践都是建立在善意之上的，这一点毫无疑问。只不过，在面对教育的困惑与压力、现实的利益与当下的收获时，大多数人会以"我只是链条上的一环"的心态来应对——教育的大环境如此，我不得不从。更多的人，明知道自己的教育实践违背教育规律，但因为"别人都在这样做"的心态起了作用，也就和别人一样做起了自己本不想做的事情。在这种心理暗示下，个人的一切"不当行为"都有了妥当的解释——这是体制的原因，我只不过是体制的一枚棋子，只不过是被泥石流裹挟着前进的一枚石子。言外之意，我很懂教育，是体制不让我做真正的教育。这样思考应该是当下大多数教师的一种自我解脱方式。

事实真的是这样吗？普通人在自以为无力左右大局时，就只能选择麻木、顺从，甚至沦为"帮凶"吗？我们来看马克斯·范梅南对教育的理解，他在《教学机智——教育智慧的意蕴》一书中说："教育学就是迷恋他人成长的学问。""迷恋他人成长"，简短的六个字豁然直抵教育的本质，道出了教师的崇高专业存在方式，以及师生之间神圣而持久的关联。这其中最值得我们思考的是"他人"，教育的本质是促进他人的成长，教师精神的最高境界是"迷恋"他人的成长。也就是说，真正的教师，迷恋的肯定不能仅是自己的利益得失，追求的肯定不能只是自己的名誉地位；真正的教师，应该具有成就"他人成长"的胸怀，并有为此而坦然接受个人得失的胸襟。简单地说，在体制之内，你若考虑的不只是自己的名誉和工资，你若能够稍微多"迷恋"一下学生的成长，那么"平庸之恶"就与我们无缘。

"平庸之恶"理论帮我们纠正了"随大流"就可以"唯分数"的错误认知，顺便再来纠正一下对"不唯分数"的误解：不唯分数不是不要分数，也不是对分数抱有敌意。首先，素质教育与学生分数并不矛盾，对于一个完整的人来说，能够获得学业上的高分数本身就是一种优秀素质，只不过这仅是整体素质中的一部分，不能作为我们衡量学生的全部指标，更不能成为教育的唯一追求。其次，教师抓成绩是岗位职责的一部分，这本身并没有问题，问题的关键在于你是不是只抓成绩，以及怎样抓成绩。因为分数和成绩的获得可以有多种原因，是拼命挤压学生的时间和精力大搞"题海战术"，还是凭着智慧和艺术让学生"科学"地拥有高分数，这也是区分是否"唯分数"的重要依据之一。

不甘做"链条上的那一环"，不以"我只是链条上的一环"来搪塞自己的失责和随波逐流，这是破解"唯分数"的心理基础，也可以说是精神支持。

王维审

2021年1月22日

为什么要批评这两个年轻人

从负责区域科研到负责区域教师培训，我相当于从教师成长的后台走到了前台。一年来，我按照工作计划组织了系统的教师培训，特别是针对青年教师的培训。说实话，我有些寒心，也有些气愤，因为每一次培训，我都可以觉察到青年教师面对成长的那种懈怠和漫不经心。下面的这封信，算是一封公开信，写给那些还未觉醒的年轻教师群体。

年轻的老师：

我一直想写一封信给你们，却一直没有动笔，我想沉淀一下自己的情绪。20天前，区里组织了新教师培训的启动仪式暨培训活动。也就是说，为期一年的新教师入职培训从那一天开始。为了能够为后面的系列培训开个好头，我们师训科精心准备了当天的活动内容——在简短而隆重的启动仪式后，连续安排了四场专家报告。

就在大家聚精会神听讲的时候，我发现坐在第二排中间位置的两个年轻教师正在睡觉。他俩的位置是整个会场的C位，正处在讲课专家的视线之中，显得格外刺眼。为了提醒他们两个人，我专门坐在了他们的前边，并回头一再看他们。他们两人睡得很香，根本就没有醒过来的意思。这时，身边的一个老师拍了拍他俩，示意他们认真听讲。两个人醒过来以后，相视一笑，然后拿起手机开始玩手机。当我再次回头看时，他们又一次睡着了，然后又被周围的人叫醒。如此三番，整整一天他们俩始终循环在睡觉、被叫醒、玩手机、再睡觉、再被叫醒的"程序"之中。在最后总结时，我毫不客气地公开批评了这两个年轻教师。事后，熟悉的同事提醒我是不是批评得有些重了，要注意保护好年轻教师的自尊心。其实，我很少会这么公开去批评人，更不愿意让年轻教师在新入职时就接受这"当头一棒"。

但我还是公开批评了他们，这是什么原因呢？

我想让他们再次确认对职业的认同。对于这些年轻人来说，选择教师这一职业可能是出于各种各样的原因。可能是真心喜欢，愿意把自己的理想和未来交付给教书育人的职业；可能是迫不得已，考不上公务员，进不了大企业，凑合凑合考个教师编；可能是迷茫无措，自己都不知道自己到底喜欢做什么，先找个工作干着再说。其实，既然踏上了教师职业岗位，抱着怎样的目的、因何而来就不是那么重要了。重要的是，在往后的日子里，你能不能真正认同自己的选择，真正尊重自己的职业。所以，我想让他们重新开始进行一次彻底的思考，认真地想一想自己是不是真正喜欢教师职业。如果喜欢，那就义无反顾地去热爱；如果不喜欢又必须坚持，那么就逼着自己去热爱；如果不喜欢又不想坚持，那么就要坚定地离开，因为勉强最终会伤害自己，伤害学生，也会伤害教育。

我猜测，这两名教师应该是属于"不喜欢又不想坚持"的那种。如果他们喜欢教师职业，就不会在这样的活动中昏然入睡；如果他们想要坚持教师职业，就不会在被人叫醒后依然进入不了学习的状态。按理说，他们应该是在被唤醒后逼着自己去聆听，努力地去寻找自己的兴奋点，然后一步步迈入成长的轨道，一点点接受引领和召唤。其实，很多人在刚刚踏入教师岗位时，未必喜欢或热爱这一岗位，而是在"不喜欢而又必须坚持"的无奈状态中，依靠时间和努力慢慢品味到教育的可爱，慢慢发现了教师职业的动人之处，然后默然接受、坦然融入、悄然喜欢，继而走向不可抑制的热爱与坚守。而他们的表现里，根本看不出为了坚持而做出的忍耐或尝试，有的只是排斥、拒绝和麻木。或离开，或热爱。这话听起来有一些不近人情，却是很掏心掏肺的心里话。敷衍自己并不喜欢的工作，会让自己活在压抑之中，而教师职业的特殊性又决定了这种状态可能会具有很大的侵略性——侵略学生的幸福，侵略教育的尊严。

我想让他们学会保持最起码的尊重。我们设计的这四节课，除了邀请了一位省外专家以外，其他都是本土的专家。省外的专家自不必说，把自己毕生研究成果毫无保留地分享给我们，这本身就值得尊重。我们本土的三位专家，不但都承担着繁重的教育教学管理任务，但为了给年轻老师们更加精准的引领，我们还是给他们的课进行了"命题"——他们不得不在繁重的工作之余，按照我们的规定精心准备也许从未深思过的话题。经常讲课的人都知道，讲自己擅长的、熟悉的内容不可怕，最难做的事情就是"命题作文"。所以，不是熟悉到一定的程度，很少会有人接受"命题"的任务。当他们把自己十几天挤时间梳理出来的成长经验分享出来时，我们的年轻教师却在呼呼大睡，这还有没有对他人最起码的尊重？还有没有对成果的尊重？还有没有对自己的尊重？

因为是年度培训的开篇，所以我们将当天的课程主题定位为"为未来寻找方向"。也正因此，我们当天安排的授课专家都是教育领域的翘楚，都是在教育领域摸爬滚打多年后走到巅峰的领军人物。可以说，他们就是年轻教师们的标杆。他们给出的建议，可以让年轻教师们少走很多弯路，少浪费大好的青春年华。但这两个年轻教师却不屑去听——请注意，是不屑开始去听，因为从进入会场他们不是在睡觉，就是在玩手机。我想，这就不仅仅是不尊重他人，也说明他们不尊重自己，他们没给自己机会去接受他人、接受新的知识，他们没有让自己去寻找未来。这样的一种态度，在任何的领域、在任何的职业范围，都不可能会有好的开始，当然也就更不可能会有好的发展。他们是在毁灭自己，这种毁灭就是从不知道尊重开始的，所以无论他们以后从事什么职业，都必须学会尊重。

我想让他们在入职第一课上有所收获。无论怎么说，这都是他们的入职第一课，我不希望他们一无所获。他们没有听专家的课，也没有记住培训课程的半点儿内容，那么我就只能用这样的方式告诉他们：因为年轻，你必须有所敬畏。朱熹说："君子之心，常存敬畏。""敬"不是外在因素的强迫，而是一种价值追求与人生态度；"畏"不是一般意义上的畏惧，而是心服，是敬服，体现的是一个人的自我警醒和忧患意识。在人生的长河中，只有心存敬畏才不会逾越界限，才不会随心所欲，才能够守得住底线，感受得到生命的美丽和高贵。因为没有敬畏之心的人，在为人处世时通常不会在精神层面上反思自己，就容易肆意妄为，从而走上我们不愿意看到的道路。

从此时此刻起到几十年后的职业生涯结束，你们会遇到很多人，他们会给你们很多建议，会给你们很多指引。这些建议和指引是他们人生经验的精华，可以给予你们很多帮助，让那些眼前的问题得以顺利解决。但是，你们必须记住的是，这些正确的经验虽然可以让你们少走很多弯路，但没有人可以给你们成长的万能钥匙，也没有人可以赐你们一招制胜的神奇法术，所有的成长都应是自己千辛万苦努力后的春华秋实。他人的经验与指点，不过是其中的某种养分，可以让拔节的声响更加洪亮，却不能为你们生出脊梁和筋骨。所以，入职第一课的意义也就不再仅是获取专家们的直接经验那么简单，其更大的意义还在于让你们仰望到教育的博大与高深，然后踏着他人的肩膀走向远方。

无知者无畏。反过来说，无畏也许会导致无知。敬畏是人们面对庄严或崇高事物时心怀敬重、持以畏惧，并真诚对待的一种态度。我想要告诉他们的是，无论以后是做教师，还是从事其他的任何一种职业，只有敬畏规则才有可能获得美好，也只有敬重他人才有可能获得自尊。我希望，这一次的批评可以带给他们一些警醒，让他们知道这个世界还有很多规则需要去遵守。当然，我更希望他们能够"知耻"而后勇，虽然我给予他们的只是批评，不是耻辱。

王维审

2020年10月7日

第五章

素养提升：
用好读写研 "三驾马车"

　　阅读、写作和研究是教师素养提升的 "三驾马车"，有助于教师建立基于自我反思、自我审视和自我重建的发展动力系统——不断反思生命内在的、向上的变革，突破自我的局限性，改变认知偏见；打破因内心长久封闭而编织起来的藩篱，允许自己重新发现教育世界里更为辽阔的风景。

反思是源于自觉的成长活动

> 工作五年，我圆满地完成了一个又一个"45分钟"，管好了一个又一个"不出乱子"的班级，但当学校领导让我梳理自己的经验时，我惊讶地发现自己的教育竟然是重复的，并且是不断地重复。更重要的是，我拿不出什么系统的经验，大都是一招一式、星星点点的做法。从实践到经验之间好像横着一条鸿沟，我该如何跨过去呢？

年轻的老师：

我想，如果要寻找一种能够将实践与经验进行有效链接的行动，我觉得应该是反思。以我的个人感受来看，反思对于教师成长的价值至少可以体现在以下三个方面：

让成长成为可能。现实中，教师的教育实践活动越来越倾向于技术性，"操作"成为教育行为的基本模式。教育有"兵法"，课堂有模式，教学有策略，很多人孜孜以求的就是把教育简化成一条简单易操作的流水线。那些意在引领教师成长的评选活动，也被冠上了浓厚的技术色彩，比如课堂教学技能大赛、教学能手评选等，都在昭示着一种意识：教育是一门技术。在这种"技术观"的错误引导下，教师往往会在获得一定技能后开始停滞不前，成为一个靠技术吃饭的劳动者。而事实上，教育绝非技术那样简单，它是一门艺术，单靠某种"一二三四五"排列出来的所谓策略，一定不能够让它绽放出艺术的绚丽和丰满。因此，教育需要研究，全方位的、高意蕴的研究。而教师的反思，恰恰就能够实现这种研究。

以教学为例。按照教学的进程，教师的教学反思分为教学前、教学中、教学后三个阶段。教前反思，即在课堂教学实施之前对教学行为的一种前置性反思，这样的反思具有前瞻性，能有效提高教师的预测和分析能力；教中反思，即在教学过程中对出现的问题进行及时、自动的反思，这种反思具有监控性，能使课堂教学高效优质进行，提高教师的调控和应变能力；教后反思，即在课堂教学完成之后进行的系统性反思，这样的反思具有批判性，一方面可以让教学经验上升为教学理论，另一方面可以提高教师的总结和评价能力。这种带有研究性质的实践活动，让教师在整个教育活动中拥有了双重角色：既是实践者又是研究者，既是教育者又是受教育者。这就让教师的教育生命不会停滞不前，成长也就成为一种可能甚至是一种必然。

让成长成为自觉。在我国，教师的专业化发展问题已经被提出很长一段时间，实际效果却并没有达到我们理想的状态。究其原因，大概是我们缺少了对教师内在成长力的唤醒。在有些人看来，只要对教师进行了系统的培训，给予了知识与能力上的训练，其就可以走上专业发展的道路。于是，我们不遗余力地规划教师培训课程，邀请名师大家示范引领，投入巨大的财力物力组织教师培训。但是，对于被培训者而言，往往是"听时冲动，结束时……激动，回来后不动"。究其原因，是这样的培训对于教师来说是被动的，是被培训、被学习、被成长，缺少了教师的主动性、能动性和自觉性。

反思则是一种源于教师自觉的成长活动。当教师进行反思时，他会自觉地、心甘情愿地思考自己的教育行为。换句话说，教师反思最直接的效果就是能够促进教师积极主动地探究教育问题。借助反思，教师可以对教育经验，特别是问题性经验进行批判性分析，重新审视自己的教育实践，并会主动寻找新的思想与策略来解决当前的教育问题。而这一过程，恰恰就是教师成长渐渐成为自觉的过程。

让成长成为品质。就像是植物的成长一样，任何生命的成长都受内因和外因两个方面的影响。教师的职业成长也不例外，传统的教师成长模式更侧重对教师有计划、有组织地进行培训，是一种以外因为核心的成长理念。20世纪80年代以来，世界各国都开始寻求教师成长的新模式。《卡内基报告》和《霍姆斯报告》的问世，更是让教师自身的反思性发展成为主流。这种反思性发展，一方面强调教师通过对个人教育实践的回顾、诊断、自我监控和自我调适，达到对不良行为、方法和策略的优化和改善目的，以提高教育教学水平；另一方面通过赋予教师新的角色，让教师成为研究者，使教师工作获得尊严和活力。无论从哪一个角度来看，这种新的教师成长理念关注的都是成长的内因，是一种活力无限的成长理念。

更重要的是，教师通过系统的反思，可以从冲动的、例行的行为中解放出来，以审慎的、意志的方式行动。可以让教师站在自己之外，更清楚地了解自己和自己的行为，更深刻地洞悉自身的主体性力量。也就是说，教师有了"自己成长自己""自己发展自己"的可能，有了成长的尊严和动力，有了成功的自信和力量。一旦成长成了自己的事情，教师的发展就有了行动的张力，辛苦就不复存在，埋怨就会即刻消失；一旦成长成了自己的事情，反思就会成为习惯，虚心好学、自我否定、追求完美等就会成为教师的内在品质——无须强迫，就能自发出现。

杜威认为，反思不是一种能够被简单包装起来供教师运用的技术，而是一种面对问题和反映问题的主人翁方式。我深以为然，并谨慎地认为：教师成长缺少的就是这种主人翁的方式，自我成长的方式，长成自己的样子的方式。

王维审

2020年1月5日

我们同样需要"每天四问"

> 其实，教师反思的意义我们都知道，只不过是不愿去反思或者是不知道怎样去反思而已，王老师，您能不能分享一下教师自我反思的路径呢？

年轻的老师：

很高兴你认真读了前面的回信。我想，懂得了意义就离行动不会太远，希望你能够有一个良好的开始。至于反思的路径应该有很多，我想借陶行知先生的话来回复你。

1942年7月20日，陶行知在育才学校三周年纪念会上发表了一篇讲话，题为《每天四问》。他让育才学校的师生员工每天问自己四个问题：第一问，我的身体有没有进步？第二问，我的学问有没有进步？第三问，我的工作有没有进步？第四问，我的道德有没有进步？我觉得，直到今天，这四个问题依然有借鉴意义，依然值得我们去思考和践行。

我的身体有没有进步？我自认为是一个比较勤奋的人，而正是因为勤奋，所以忽略了很多重要的问题。年轻时只知道在工作上使劲，加班加点的工作是经常的事情，点灯熬夜写稿子更是家常便饭。在很长的一段时间里，我甚至会以此为荣，经常自己感动自己。随着年龄渐长，当身体越来越无法支撑加班式的勤奋时，我才忽然意识到自己欠缺了另外一种进步——身体的进步。其实，勤奋与锻炼身体并不矛盾，科学合理安排作息时间，持续坚持锻炼身体，也应该是勤奋的一种。只不过，我们经常会误解勤奋，以为勤奋仅是那些可以在自己脸上贴金的努力。岂不知把自己的身体弄得强壮有力，不仅有助于工作，其本身就是人生最值得的成功。

在这一点上，我的朋友段惠民就很值得学习。他无论多忙，都会坚持固定时间的体育锻炼，并始终保持精神上的昂扬与心理上的向上。他的朋友圈里，那些天南海北的奔波里，总是可以看到晨跑、锻炼与各种各样的运动。每次见他，总感觉这位老兄的身体与精神状态都比我要好得多；每次听他的讲座，都会被他激扬的情绪和充沛的体力所感染。曾经问过他为什么可以永葆"精力旺盛"，他脱口而出的是：锻炼！锻炼！锻炼！每天坚持锻炼，每天保持好心情，才有精力去做自己想做的事情。

我的学问有没有进步？ 这里的学问，应当是指知识体系的逐渐建构与不断完善。现在有一种很不好的现象：年轻教师走上讲台之后，往往就成了一个慢性消耗品——"只出不进"。我曾经做过一个匿名的调研，在中小学教师群体中，不读书或极少读书的人可以占到30%。这个30%是基于实验数据的分析，实际情况应该会更糟糕一些。有很多老师，工作几十年，除了教参和教材以外，就没有正儿八经读过一本书。这样的老师，无论是知识还是视野都显然会受到局限，那么他做教师的事情也就不可能做到精致，只能是把极具艺术性的教育当作工厂里的活计来做。这应该是当前教师专业成长最大的障碍之一。所以，做教师就必须做学问，做一辈子的学问。

我想，做学问这事并没有大家想象得那么不接地气。做学问之术，无外乎一进一合。一进，就是说你要不断吸收新鲜的东西，多读书就是其中不错的一种方式，读书多了学问就有可能大了。为什么说是"有可能"？那是因为吸进了好东西之后，你还需要慢慢咀嚼、慢慢消化，把其中的营养变成自己的东西。理论化一点的表述，那就是知识的建构，把外来的新知识与你自己的实践或想法糅合在一起，也就形成了新的知识或见识，这也就是所谓的学问了。每天读一点书，然后把书里的东西渗透自己的血液里，慢慢也就有了学问。

我的工作有没有进步？ 于教师而言，这应该是比"学问"下位一些的问题，指的是具体的教学能力和"技术"有没有长进，教育的艺术有没有增强。每天进步一点点，这是教师经常对学生提出的要求，其实它也适合于教师。今天批评学生的方式是不是比昨天好了一些？今天对教材的理解是不是比昨天到位一些？教师的专业成长意识就在这样的反思中产生。明天怎样才可以做得更好？明天应该注意些什么问题？教师的专业成长就在这样的追问中发生。也就是说，一个教师的工作进步，应该起于反思，成于实践，这也是教师成长的基本路径。那么，我们有多少老师有反思的习惯？我想，这应该不会很多。

一个没有反思力的老师，永远不会走得很远。这一点，我笃信。那么教师的反思力从哪里来？反思力的培养有很多种方式，但其中比较有效的应该是写作。总体来说，写作这种反思形式要比简单的"想一想""琢磨一下"等更规范，也更深入。教师的反思写作不是真正意义上的文学创作，大多时候不需要艺术化的加工，只需据实而"思"即可。比如把一些教育生活的细节问题记录下来，然后进行深入细致的思考，形成自己的认知与观点。这种借助文字的反思就是教育写作，是当下比较有效的教师成长方式。

我的道德有没有进步？ 就这一问而言，我倒是觉得可以算前三问的结果。试想一下：一个人有着强壮的体魄、健康的心灵，坚持读书、写作和学习，坚持进行自我反思，他怎么可能是一个道德败坏的人呢？我有一个观点，所谓的道德，其实就是一个身体与心智健康的人，在不断的自我学习、自我成长的过程中洋溢出来的人性之美。一个成长着的人就应该是一个有道德的人，一个有道德的人自然也就是一个极具成长力的人。当然，陶行知先生专门把"道德"拿出来进行追问，并且放在最后一问，可能也是觉得道德问题会在前几个问题解决之后，自然而然、水到渠成地实现，只不过是在此处强调一下，或者说是做个总结罢了。

概括起来说，我们要想做到陶行知先生的"每天四问"，大概需要做到以下几点：每天保持必要的运动，每天读一点有益的书，每天记录一些值得反思的生活，然后收获的就会是成长。这个成长，不仅是道德上的成长，而且是整个生命的成长。

王维审

2020年1月31日

读书是每个教师的本分

> 一位老师在我的一篇谈读书的文章后面留言，谈了自己的观点。她认为读书是生活中的奢侈品，并非必需品。如果不喜欢读，大可不必为了什么原因或目的逼自己读，并且列举了很多不喜欢读书但却取得成功的人。最后，她希望我能够就这个观点再表达一下看法。

年轻的老师：

对于你的观点，我十分赞同，但想补充一句：教师是个例外。

的确，网络中的很多文章都提出过"读书是生活中的奢侈品"之说。我们如果把这句话所包含的真实意思进行分类，大概有两个方向：一是说读书很重要，是值得所有人去追求的精神生活，意在强调读书之于人生的超高意义和不菲价值；另一说便是你所表达的观点，觉得读书虽然美好但是很难，认定读书是一件很私人的事情，不可以强求，也不可以自我加压，纯粹属于个人的私生活。我个人觉得，第一个方向应该是这句话的正解，第二个方向则失之偏颇。也许对于有些人来说，读书是可有可无的事情，至少不存在"必须读"的要求。但是，对于一些职业群体来说，读书就是很重要的事情，尤其是对于教师而言，读书不仅重要而且很有必要。

教师这个词语，如果作为一种职业来解读的话，最直接的莫过于"教书育人"四个字。也就是说，教师在教书的同时，还要育人。教书，重在知识的传授与启蒙，需要教师具有丰厚的学识和高超的教育艺术，这就注定教师应该是一个具有终身学习能力的群体；育人，重在学生品格的形成与确立，很多时候需要教师以自身的行为和魅力进行"身教"，这就需要教师应该具备不断自我更新、修身养性的能力。但是，从现实的教师职业形态来看，很多教师根本就没法履行"教书育人"的基本职责，更别谈什么理想的教育和教育的理想。

我们先来说"教书"。我刚刚参加工作的那几年，曾经在村办初中工作过。学校缺老师，又没有多少人愿意做这种待遇极低的"临时工"。没办法，学校负责人只好把自己刚刚初中毕业的侄子弄来当老师。这个初中毕业就来教初中的老师，课堂教学的方法很简单，除了领着学生读课文，就是拿着教学参考书给学生核对练习题答案。后来，镇中心校的领导来听课，他照例读教参。领导很生气，让他把教学参考书放下，按照自己的理解去讲。然后，这个老师就站在讲台上发愣，直到下课也没有再讲出来一句话。有人说，教师教给学生"一碗水"，自己要有"一桶水"。意思是说，教师的知识储备要远远高于学生的知识水平。很明显，这个老师是在拿"一碗水"教"一碗水"，从本质上已经算不上是教书。现在，教师的学历水平大大提高，从形式上看已经明显达到"一桶水"的标准。但是，很多老师从毕业后就守着这"一桶水"过日子，不读书、不学习、不吸收新知识，慢慢地，这"一桶水"会蒸发、会变浊。一年还可以应付，两年也可以将就，三五年下去就已经跟不上学生的需求了，就会与前面的那个老师一样，无法对学生进行有效的知识传授。所以，教师必须做个读书人，保证自己的这"一桶水"可以常换常新，甘甜润人。

再来谈"育人"。有一次参加一个交流活动，年轻的语文老师在讲课过程中与学生交流读书的重要性。在讲了很多诸如读书使人明智，读书使人成长之类的意义后，老师临场要求学生说出自己最近读过的一本书，并回答出作者和喜欢这本书的原因。现场气氛很热烈，学生们纷纷站起来分享。就在这时候，一个男生站起来问："老师，您最近在读什么书呢？肯定与我们的不一样吧！"其他同学纷纷附和，都想知道老师到底在读什么书。这个老师站在讲台上愣了一下，含糊其词地说自己读的都是专业书籍，都是为了更好地教学生学习之类的著作。没想到，学生们更加起劲，非要老师说出著作的名称。老师的脸开始变得通红，想了半天说自己在读《大教学》（估计应该是《大教学论》，作者为捷克教育理论家夸美纽斯），学生们"哇"声一片，一下子就被题目的高深与大气所震撼。老师刚想转移话题，又有一个男生问："老师，《大教学》这么厉害的书是谁写的呀？"这个老师明显有些尴尬，很糊弄地回答说："说了你也不知道，作者是一个大教育家苏霍姆林斯基。"然后，老师很生硬地结束了关于读书的话题，开始讲起了字词与段落。很明显，这个老师知道读书的重要性，所以要求学生做个读书人，但自己可能就没有认真地读过几本书，才会闹出这样的"教学事故"。

你想让学生成为什么样子，你自己就首先要成为什么样子，甚至要高于这个样子。只有读书了，教师的那"一桶水"才有可能变成"一溪水"，成为知识和能力增长的不竭源泉，才有可能保证自己在"教书"这件事上信手拈来。只有读书了，教师才有可能把读书的乐趣真实地传递给学生。否则，你所描述的、讲解给学生的"读书之乐"，肯定是苍白的、有气无力的空喊，不可能触动学生，更不可能将学生带到真正的阅读之中。一个真正沉醉于阅读中的老师，用不着呼喊，用不着胁迫，在日复一日的耳濡目染中，学生就可以嗅到你身上的书香，就可以在你的气息中捕捉到读书的幸福，然后他们就会朝着你的样子去成长。

经常有老师会在各种场合谦称自己是个"教书的"。其实，想真正成为"教书的"，首先要成为"读书的"，这才是我们教书人的本分。对教师而言，读书首先是对自己生命成长的一种积累和完善，是对自己精神世界的一种重建和修补。只有促进自己的生命成长，进而才能实现个人的专业成长。作为青年教师，若不想一生碌碌无为，那么读书就是你最需要的一项修炼。

王维审

2020年5月15日

让阅读成为一种生活的方式

　　上学时忙着考试，工作后忙着教学，现在想要读一点书却读不下去。前几天，我在《中国教育报》组织的"十堂阅读公益课"上听了您的讲座，很有感触。我想问一问，您觉得教师应该怎样培养自己的阅读习惯，特别是像我这样一直不怎么读书的老师。

年轻的老师：

　　的确，如你所说，在教师群体中有一些人不愿意读书。他们在童年时期没有养成阅读习惯，青少年时期也没有形成阅读意识，到了成年以后就不太具备主动阅读的可能。所以，这些教师想走上阅读之路，就需要通过补偿性阅读来形成阅读习惯。一般来说有两个路径：一是自己培养自己，就是教师个体开展的自我补偿、自我修复及自我培养；二是借助伙伴的力量，就是参与、融入一些读书团队，在外力的帮扶与激励下实现个人习惯的养成。在这里，我想重点谈谈如何"自己培养自己"的问题，也就是基于自我建设的阅读习惯养成策略。

　　第一步，建立自己的"阅读桩"。教师阅读意识的觉醒或唤醒，多多少少都存在"被动"的因素。当教育教学实践始终无法突破，当个人的专业成长遭遇到瓶颈，当素养的先天贫乏被他人一览无余……这个时候，我们或许就会有一种通过阅读学习来解决问题的冲动。这种因"需要"而激发的阅读意识，天然带有工具性的味道，所以教师阅读习惯的补偿性养成通常从具体的职业需求开始，然后一步步走向人文与自由。

我是一个数学教师，也是一个班主任，所以我的阅读就从数学教学和班级管理两个方面开始。我是历史教育专业毕业的文科生，却阴差阳错地教了初中数学，对数学学科与生俱来的反应迟钝和害怕，让我每次去上课都有硬着头皮上战场的感觉。课堂上只能是平铺直叙地机械讲解，课下辅导也只能提供现成的标准答案，自己都觉得对不起两个班级的一百多名学生。后来，我看到同事吴老师的办公桌上有本《数学教学通讯》杂志，便拿起来翻了翻。杂志的内容瞬间吸引了我，小窍门、小技巧、小方法都正是我所需要的，甚至有的直接拿过来就可以在课堂上"显摆"。从一本杂志开始，一直读到莫里斯·克莱因的《古今数学思想》，我开始了为课堂改变而读的自我阅读。正是这个很低的阅读起点，将我带入了课堂教学快速提升的关键期；而课堂教学的丰富和成熟，又不断诱发着个人阅读向更深处生长。

由此，教师阅读习惯的建立必须要有一根支撑阅读的"桩"，这根"阅读桩"的形成是一个漫长的阅读历程。对于教师来讲，首先要阅读的应该是与自己专业相关的书籍。比如，你是学科教师，那你就要熟读本学科的专业书籍，也可以是报纸杂志；你若是班主任，自然就要读些班级管理方面的著作和文章；你若是学校管理者，自然就要阅读与学校管理有关的书刊。当然，这样的阅读是一种窄阅读，目的是通过这种专一的阅读，为教师的职业发展积淀出必需的专业素养。当专业书籍读到一定的程度，就要开始阅读包含教育经典在内的教育理论书籍。这时候的阅读面不再局限于自己的学科和专业，也不再是简单技能上的借鉴和套用，而是一个悟道的过程。感悟教育之道，最终就可以把"阅读桩"

的根基做大做强，以丰厚的教育基本理论稳固专业阅读之桩。

　　第二步，形成自己的"阅读圈"。更多时候，"阅读桩"更像是阅读海洋里的定海神针。一旦你的"阅读桩"牢固地立了起来，你的阅读就有了稳定的主题，就有了灵魂。在你的内心里，已经形成了一个阅读的支柱，你所有的意识和精神就会被这根桩牢牢吸引，你所有的阅读就会在不知不觉中聚在桩的周围。换句话说，你就有了阅读的自我立场。这个时候，你就可以抛开"为教育而读教育"的局促，开始随心所欲地"乱"读。文学、哲学、武侠、悬疑等，只要你喜欢的，都可以成为你阅读的对象。因为你阅读的根基已经稳定下来，这些看似杂乱的阅读就不再"杂"，更不会显得"乱"，而是都有了一个朝向，朝向你立下的那根阅读之桩。

　　跳出教育看教育，不仅拓宽了你的阅读视野，更重要的是你正在一点点聚拢一个"阅读圈"。这个圈的核心是你立起的那根"阅读桩"，你所有的阅读，不管是文学的、历史的，其实都成了教育，至少是被你读成了教育。哲学也许不再仅是哲学，而是教育的智慧；音乐也许不再只是音乐，而是教育的情怀；卡耐基不再只是经济大鳄，而是教育导师；老子不再只是老子，而是班级管理之道的传授者；《论语》不再只是《论语》，而是为师的一种境界。这样的一个"阅读圈"，其核心是教师的专业，延展的是教育的底蕴，丰厚的是人生的积淀，阅读成为修身养性的一种方式和姿态。这是自我阅读的第二个境界，也是大多数人通过努力可以达到的阅读高度。

　　我个人的阅读也大致经历了从"桩"到"圈"的递进过程，并获得了教育探索的意外收获。我的阅读由课堂教学需要而起，从单纯的数学教学到基本的教育理论，从教育教学到人文科学、企业管理，等等，不断扩大阅读的范围，阅读的涟漪越荡越开阔。有一天，我在阅读一本医学类杂志时，读到了国外医护领域有人在探索用故事为危重病人缓解情绪，其中关于故事价值的开发引起了我的极大兴趣。因为那个时候，我正在被一个班级管理问题所困扰，虽几经努力却无法解决。

那个时候的班级管理正在流行量化积分，就是用分数把学生的一举一动进行量化，然后根据分数的多少来界定学生的行为表现。可以说，这种量化将复杂的管理行为简单化，不仅操作起来简单易行，而且效果也很明显，曾经一度颇为流行。但是，数字管理之下的弊端也显而易见，班级管理缺少温度与情感是其中最为明显的问题。医护领域对故事的引入给了我很大的启迪，我决定开始探索将故事植入班级管理的方法。于是，我围绕故事这一主题开始了海量阅读。随着阅读的深入，我发现除了医护领域以外，企业管理领域对故事的使用更接近教育实践，而心理学中的叙事理念更是将故事思维开发得淋漓尽致，我甚至连成功学、影视学中的故事类作品也一一买来。这一时期的阅读，有点类似于渔民结网，往往是先发现一本书，然后就会发现很多相关的书，以此类推就形成了一个庞大的阅读网络。毫无疑问，这样的阅读为我后面的教育研究提供了强大的支持力量。

第三步，建构出"另一个我"。 书是别人写的，但是你必须读出自己来。一个优秀的读书人不是为了顺从别人的思维，不是为了嫁接别人的智慧，不是为了做知识的储蓄罐，更不是为了做别人的传声筒。那些动辄全篇引用别人的语言，动辄整篇堆砌专家论点的人，并不是一个真正的读书人，因为他们失去了自我。一个失去自我的人，即使读书再多也不会有自己的思考和思想。甚至还可以说，没有自我的阅读，会让人变得紊乱而不知所措。阅读的真正意义，是把别人的经验与自己的实践结合起来，理顺、吸收并转化成自己的东西。换句话说，就是用别人的智慧帮助自己建构出"另一个自我"。

通过系统的故事主题阅读，我对故事在各个领域的实践经验和做法有了比较清晰的理解，也对故事的一些基本理念形成了初步认知。借助这些"他山之石"，我开始在班级管理中植入故事元素，从开发故事型主题班会开始，相继对故事型家长会、故事型班级活动等进行了系列探索，初步建立了班级管理的"叙事理念"。阅读越深入越有利于实践的优化，而实践的渐进成熟也更加需要阅读的支撑。读书与实践相辅相成，让我的故事研究越来越深入。借助更加严谨的课题研究，我逐步提出了"叙事德育"的教育主张，并进而提出了"叙事教育"，成为我终生倡导并竭力实践的教育理想。可以说，从叙事教育理念形成的那一刻起，我生活的全部意义就在于全力以赴地去说明、解释和论证故事的力量，而阅读必然就会贯穿于其中，成为生活中不可或缺的重要部分。

　　以上只是我个人的阅读经验，仅供你参考。最后想告诉你一句话：一个人独特的阅读观和阅读经验，还是需要自己去一步步地探索，一点点地积淀。

王维审

2020年4月15日

阅读是借他人的智慧垫高自己

王老师，首先恭喜您被评为"推动读书十大人物"，我也认真聆听了您参与的"十堂阅读公益课"，就您所谈到的阅读之于教师生活的意义十分赞同。您能不能就专业阅读的意义具体谈谈呢？最好是能举出一些实例。

年轻的老师：

你在空间里留言，询问教师专业阅读的意义，追问我推动教师阅读的本心。我想，我可以用这种方式与你做一个探讨，先聊一聊如何看待阅读之于教师成长的价值。这些年，我一直走在推动教师阅读的道路上，虽然有艰难和困阻，但依然有信心继续走下去。以我对教师阅读的理解，再加上对教师群体阅读状况的整体考量，我大体将专业阅读的价值划分为三个层次，分别是有影响、有改变、有创造。

有影响。所谓专业阅读，应该是与消遣性阅读相对而言的，也就是用专业的方法去读专业的书籍，并从中形成专业认知、专业思维和专业行动的一种阅读行动。它的这一本质，决定了其阅读起点的高位、阅读过程的艰涩和阅读结果的实用性。这个"实用性"说的就是阅读对教师成长带来的影响，为了增强专业阅读对教师成长的影响力，我在推动教师专业阅读的过程中特别强调专业阅读的三个方式：一是读透一本经典，要把书的精髓吸收到自己的头脑里；二是读透一个专题，围绕某一个专题进行五年甚至十年的阅读，让自己成为某一个方面的专家；三是读懂一位名家，确定自己的对标成长对象，先从他的作品读起，在阅读中完成对名家的认识和了解，并尽可能深入地走进名家的精神世界，从而接受其带来的影响和改变。

读一本书，最基本的作用就是促使人"去对比"，拿作者的经验与自己的实践进行比较，在比较中开始思考与追问，这也就是我们常说的反思。在临沂六中的一次读书分享会上，吴玉滢老师分享了自己的读书故事：她在郑英老师的作品中读到了很多对待"问题学生"的优秀做法，便开始反思自己对班里一名同学的态度，并对自己的行为进行了理性追问。在追问与对比中，她觉察到了自己的"狭隘"，也领悟到了郑老师彻底的、无条件的大爱，于是便有了"爱会改变他们，会改变教育"的认知。其实，这就是读书对人产生的影响，我们总是会在阅读中获得怦然心动的时刻，总会有"想一想"的停留。换句话说，我们总是会被文字打动，并被文字深刻影响。

有改变。如果我们读一本书仅仅局限于被打动、被影响，而没有"去行动"的踏实实践，那么阅读的价值也就会很快泯灭为零。当一个人在阅读中有了思考、有了想法以后，最为重要的就是立刻去行动，利用从书中读到的、于自己有借鉴意义的内容作指导，去修正、提升自己的教育实践。在那次分享活动中，绝大多数分享者都谈到了自己的收获，他们会从书籍中发现一些先进的做法或独特的经验，要么直接移植到自己的教育教学中，要么以此为模板来改进自己的教育生活方式。他们读《给教师的一百条建议》，会以查字典的方式获得问题解决的方案；他们读《正面管教》，可以直接套用育儿经验去完善教育行为……虽然，大多数人还处于简单的模仿和借鉴阶段，但毕竟已经有了自己的行动——专业理念或经验指导下的教育行动。而这样的行动，无疑就改变了认知、行为，也就走上了实现阅读的第二层价值之路，也就是阅读改变教育实践。

李竺姿老师是一位乡村小学教师，颇有教育情怀的她不甘心墨守乡村教育的单调，试图在自己的教室里打造一方不一样的教育天地。为此，她模仿、借鉴一些名优教师的经验做法，在自己的小天地里断断续续做了一些有意思的探索——要么是带着学生搞了一个小活动，要么是在自己的教室里又增添了一些小物品。这些小的改进和创新，就像是在陈旧的衣服上绣花朵，局部看起来是亮了，也有了些新鲜感，整体上却像是不伦不类的大杂烩，教育的效果和价值一直达不到理想的效果。就在这时候，杨雪梅老师给她推荐了一本书，就是她领读的这本《脑科学与课堂》。通过对这本书的深度阅读，她把握住了作者提出的"以脑为导向的教学模式"六大目标，并以此为核心理念去梳理、优化、提升自己的教室建设。她开始以书中的理念为指导，按照六大目标去系统打造自己的幸福教室。短短一年多的时间，她的幸福教室初现雏形，基于先进理念的教育实践越来越多地呈现出生机与活力。可以说，一本书的介入，让她的教育实践由小打小闹的局部"改进"，一步跃入宏大系统的全面"建设"。

有创造。这是专业阅读的高位价值，意在强调"去生成"。也就是说，一本书的价值不是给出我们行动的准则，也不是指明成长的轨道，而是在"会心一笑"和"欣然而动"之后，生长出自己的行动模式和行为结构，创造出自己的教育主张和教育理念。我们大多数人喜欢引经据典，也习惯于沿着名师专家的脚印行走，却单单忘了自己的创新。一个人如果一直被他人的伟岸所笼罩，充其量只能是行走在影子中的行路人。所以，我们强调"生成"，就是在他人提供的经验背景下不断产生自己的想法，在他人提供的营养中不断生长出自己的力量和经验，直至发现超越于著作的新思考、新主张和新理念。

两周前，我们临沂市兰山区组织了新教师的读写素养提升专项培训。在培训课程的设置上，我专门邀请了半程中心幼儿园的老师们呈现了一场独特的读书分享活动。他们展示的是《聚焦式观察：儿童观察、评价与课程设计》的读书流程，基本的活动环节可以分为以下三步：教师共读《聚焦式观察：儿童观察、评价与课程设计》，通过读书交流活动，确认并明晰幼儿教师观察儿童的基本策略和主要方法；教师根据书中提供的思路和案例，尝试在教学中对儿童实施观察、设计课程、组织教学和评价，生成属于自己的实践经验和困惑；组织召开基于阅读与实践的教学研讨活动，解决实践中存在的问题和困惑，梳理、提炼获得的经验和成果。这三步走下来，大概需要一个学期的时间，他们用了短暂的一个小时，大致呈现了三个主要环节。我的目的是，希望老师们可以借鉴他们的思路，坚决避开为阅读而阅读、唯阅读而阅读的误区，让阅读真正成为优化教育实践、创新教育行动、催生教育成果的有力工具。

从某种意义上来讲，阅读就是借他人的智慧垫高自己。而教师的专业阅读，也就是借他人的经验提升自己的教育生活。有影响、有改变、有创造，不仅是教师专业阅读价值的层次划分，也是教师专业阅读价值呈现的基本路径：有影响，在对比中反思自己；有改变，在行动中提高自己；有创造，在生成中重新发现自己。

王维审

2020年5月21日

以写作建设好自己的教育人生

这些天，我与新教师交流得比较多。在谈及教师写作时，有的年轻老师会有这样一个观点：我并不想成名成家，只是想着认真工作，过好自己的教育人生，所以写作对一线教师来说可能就是一件奢侈品，华丽而不实用。

年轻的老师：

在前面，也有人把读书看成人生的"奢侈品"。由此可以得出，现在的年轻人喜欢把不能直接拿来消费、不会直接产生效益的东西看成奢侈品。这样的想法很危险，所以在谈教育写作之前，我们有必要先弄清楚怎样才是"过好自己的教育人生"。

"过好"是一个很模糊的质量标准，需要做个细致的甄别。故事《田鼠阿佛》讲了五只小田鼠的生活。冬天快来的时候，小田鼠们开始忙着收集玉米、麦穗、坚果和干稻草，而阿佛却在忙碌之余去收集阳光、颜色和词语，其他小田鼠都嘲笑他。大雪来了，田鼠们躲进了石墙的窝里，虽然有食物可以慢慢吃，但石墙里又黑又冷，生活变得毫无生机。这时候，阿佛用珍藏的阳光照亮了家，用颜色装扮家，用故事温暖家，好像把田鼠们带回了春天。五只小田鼠度过了一个春天般的寒冬。这个故事揭示了两种不同的人生态度：一是活在当下，只做明显有用的、能够解决现实问题的工作，就像绝大多数老师喜欢盯着眼前的分数、名次和荣誉一样，过得具体而实在；二是追求诗和远方，不苟且于已有的成绩、舒适和安逸，所有的努力都是为了更好的未来，可以自觉、主动地自我突破。从这个意义上来说，"过好自己的教育人生"，就肯定不是通常所说的过得去、将就着过，而是要像阿佛一样过得有收获、有未来、有阳光。

有品位的教育人生怎样才能获得？我们身边不乏优秀的教师，他们在长期的教育实践中积累了大量的经验，只不过这些经验往往都是以小改进、小创造、小成果的形式散落在人生的道路上。这些小收获解决的都是一时一刻的小问题，就像是那四只小田鼠收藏的坚果与干稻草，只能为彼时的人生带来小快乐，对人生的质量提升给予不了多大的帮助。用一个比喻来说，这些小收获就是散落在人生里的珍珠，它们需要用线串成一串，甚至做成漂亮的珍珠塔。从散落的珍珠到漂亮的珍珠塔，其实就是一个不断建构的过程，就像是用砖块建成漂亮的大厦。所以说，教育人生也是需要建设的，需要把那些零零散散的经验，通过设计、组合和优化，增加新内容，充实新知识，创立新结构。由此，我觉得应该把"过好自己的教育人生"，改成"建设好自己的教育人生"。因为"建设"一词，更具动力、气魄和精神，也更可以帮助我们建构出精致的教育人生。

建设好自己的教育人生，其中的"建设"就是关键。我们靠什么来建设自己的教育人生？有的老师可能会说，当然是靠一步步的教育实践。这个回答一点问题都没有，教育人生是一步步走出来的，谁都不能够去怀疑这一点。一步步的行走制造的只是"砖块"或珍珠，想建构起人生的大厦或珍珠塔，还需要把它们垒起来、串起来，这一个过程应该就是写作。这一点，完全可以从建构主义理论中得到验证。

建构主义是什么？我们可以从一个故事中了解建构主义的内核，这个故事就是《鱼就是鱼》。大概的意思是：有一条鱼和一只蝌蚪是好朋友。小蝌蚪长成青蛙之后，便跳到了陆地。几周后，青蛙回到池塘，向鱼描述了陆地上的各种东西——鸟、牛、人等。鱼根据青蛙的描述，对每一样东西展开了想象，但都带有鱼的形状，只是根据青蛙的描述稍做了调整——人被想象成用鱼尾巴走路，鸟是长着翅膀的鱼，牛是长着角的鱼……这个故事告诉我们，任何人的能力提升都是以原有经验为基础的，是对原有知识的组合、调整、加工的过程。

其实，专业写作就是教师重新组合自己原有的知识经验，建构起对新知识的理解，形成新能力的过程。比如说，一个教师在课堂教学中有了一个小的创新，他可以通过写作把这个创新做法描述出来，然后通过查阅资料或借助理论的介入，将经验做法形成系统的经验成果，既可以使自己的经验更加完善，也容易将成果物化并传递给他人。如果这位教师不断获得这样的经验成果，专业写作就可以帮助他将零星的教育经验建构成自己的理念体系，形成自己的教育思想。这样的写作过程，完全符合建构主义的知识形成理论——在原有经验的基础上，借助新知识对已有知识进行重新组合，从而形成专业能力。

由此，教师的专业写作是教师专业化的需要，是教师从实践型教师走向研究型教师的需要，更是教师专业能力自我更新的需要。换句话说，写作是教师专业发展的一个路径，是一种默默无闻、寂寞而艰难的修行，是为了将自己的教育实践经验系统化，进而改进教育实践，而绝不是为了立言扬名。可以说，写作在建构教育人生大厦的过程中就像阿佛收藏阳光、颜色和词语的过程，看起来不是十分必要，但实际上却是再重要不过的过程。没有写作，教育人生就不能够称为"建设"，而只能是简单的"造砖"，充其量是"养珍珠"的过程。

　　另外，从人文的角度来说，教育人生也需要写作，需要通过写作把教育中的酸甜苦辣记录下来。人生漫漫，我们走过的每一步留下的可能是财富，也有可能是块垒。写作可以化解块垒，也可以把财富通过缜密的设计与构思，建设成人生的大厦。所以，我很希望每一位教师都走上写作之路，以写作建设好自己的教育人生。

王维审

2019年10月18日

教师专业写作的三个阶段

> 王老师，我曾经听过您的讲座，记得主题是"叙事写作与教师成长"。也读到过很多关于您个人成长的文章，感觉写作在您的成功道路上起到了很大作用，能不能更具体地谈谈您对教师专业写作的看法……

年轻的老师：

首先声明，我至今也不觉得自己有什么成功可言。但是，对于教师的专业写作还是有很多话想要说，我觉得一个教师的专业写作大概可以分为以下三个阶段：问题化写作、专题化写作和主题化写作。

一是问题化写作。最初开始写作的时候，我似乎是抱着一种"守株待兔"的心态等待写作契机出现，属于"遇到什么写什么"的自然状态。一天中，如果发生了一些值得思考、有点写作价值的事情，我就会欣喜若狂地把它记下来，并进行简单的意义判断。后来，可以等到的"兔子"越来越少，单纯地等待似乎已经无法实现"持续写作"的自我宣誓，我便开始有意识地挖掘教育实践中那些有思考品质的事件。因为有了思考和甄别，此时的写作不仅重视忠实的记录和叙述，更多的是提出自己的意见和主张。为了有"事"可写，我可以不惜消耗掉大量的休息时间，在繁杂庸碌的日常生活中仔细寻找可能激起火花的东西，这在一定意义上培养了我对各种教育现象的敏锐观察力，让我养成了自我发现和自我批判的习惯。

这样的写作，实质上就是把一些极易疏忽但有价值的微小事件问题化的过程。这种问题化的写作至少有三个方面的作用值得我们重视：一是通过对教育实践的问题化梳理，在很多习以为常、自以为是的常态实践过程中，寻找到了缺憾和漏洞；二是通过对"教育问题"的深度反思，建设性地完成了教师行为的改变，让教师的实践能力日趋强大和成熟；三是让教师习得了一种有意义的坚持，在教师的精神世界不断注入新鲜的活力和勇气。当然，还有一点最基本的东西，那就是锤炼了教师的文字表达和价值提炼能力，这是教育行政极易疏忽，却又对教师成长具有持续、久远的意义的基本素养。

二是专题化写作。专题写作，就是在某一个阶段，集中精力对某一个教育问题，进行"专题化"的反思性写作。可以是对某一现象持续的、追问式的"刨根问底"，也可以是对某一件事或某一个人的紧抓不放的追踪描述。这样的写作未必要完整成文，也未必要立马探究出什么深奥的门道，其目的也不是即时的发表。换句话说，此时的记录和叙述，在情感上已经成了写作者的一种自觉，在功效上只是研究的一个过程或者素材，它最终的目的是在纵深处觅得教育的本质，在教育不轻易裸露的部分划开一道缝隙。在很长一段时间，我对教育随笔的价值、意义产生了浓厚的兴趣，并开始关注教育随笔对教师成长的生发点。随着这一专题写作的开展，不仅让我厘清了教育叙事与教育随笔的关系，更让我从中发现了教育写作的强大力量。那时，不仅我所发表的文章大都是"连载"，我的讲座内容也开始从班级管理转向为教育写作。

专题写作的着力点未必大，它与问题化写作的最大区别在于"深度"，其意义有三个：一是突破了"零碎"实践的瓶颈，理顺了"零碎"反思的凌乱，让教育实践和反思具有了方向性；二是聚焦于一点的持续写作，足以让人把问题看个"清清楚楚、明明白白"，在教育的混沌中找到一条清晰的路径；三是可以让人在某一个方向上有所突破，在某一个问题上拥有话语权，成为某一方面的明白人。

三是主题化写作。无论是着力于一点的问题化写作，还是沿着一条线深挖的专题化写作，这个时候"写"还是占着很大的分量，属于"我写我心"的阶段。即使是反思和感悟，大都是由叙而发、为叙而发，既缺少系统理论的支撑，也少有写作之前的预设架构。这个时候，主题化写作就成了教师专业发展进一步提升的重要渠道。主题化写作，就是指写作者从理论的高度审视自己某一方面的实践，在一个较大的领域内进行"主题化"的系统性写作，并逐步建构自己的理论体系。这就要求教师在写作的时候，不能仅是站在自己的角度，也不能单去考量他人的得失，而是要站在较高的理论层面去审视自己的教育实践。

有了前期的写作积淀，写作技能已经攀升到了一定的层次，也具有了较强的反思能力。这个时候，你就可以选择一个自己熟悉的、感兴趣的领域，开始进行主题化写作。从2014年开始，我就开始着手教育写作与教师成长这个领域的研究，初步创建了以教育写作为主题的"觉者为师"系列。这个书系的完成让我在教育写作这一领域有了新的收获。这种收获不仅是外在的几本书，而是内心深处或者说是灵魂上的一种升华，甚至可以说是再造，让原本很多似是而非的东西开始变得清晰，很多零散无序的想法形成了体系的思想。

有人说，熟悉的地方没有风景。教育写作似乎并不是这样，写作的过程更像是在熟悉的地方发现、打造风景的过程。这或许正是教育写作的魅力所在，它可以让我们在重复繁杂的职业生活中，发现教育的美好，以及自己的美好。

王维审

2015年6月2日

如何面对"无从下手"的教育研究

　　　　有一位老师告诉我，他很羡慕那些会搞研究的教师，自己也愿意试着去做一些研究。可是，每当真的静下心来打算去研究一些问题时，却又感觉无从下手，不知道应该怎样去确定需要研究的问题，更不知道研究的具体方法。最后，他问我能不能提供一些切实可行的、一线教师可以做的研究？

年轻的老师：

　　可能有很多老师对教育研究有些畏惧，总觉得那是距离自己很远的事情。其实，所有的研究都是基于行动的，都与我们的教育实践有着密切的关联。可以说，研究是教育实践的"下一步"，是对实践的优化和深化。对于一线教师来说，若想走上研究的道路，可以尝试进行以下三个方面的探索。

　　对成熟的做法进行梳理提炼。在与老师们座谈时，每当提及教学论文写作的话题，总会有老师觉得自己没有这个能力，认为写论文是专家名师的事情。这个时候，我一般会问他们这样一个问题：做了这么多年的老师，你有没有在某一个教学细节上做得比较满意？毫无悬念，几乎所有的老师都会列举出自己最拿手的一些做法，然后滔滔不绝地讲述这些做法带来的"巨大成果"。是的，每一个教师在长期的教育生活中总会有一些比较成熟的做法，如果我们能够把这些做法通过研究的方法进行提炼总结，就可以形成自己的教学成果。

具体来说，这个梳理提炼的过程大概要经过以下三个步骤：一是"我的具体做法是什么？"就是把个人比较零散的实践经验进行归纳，总结成简洁而又条理清晰的可操作性"模板"，以便让他人能够通过阅读文字就知道怎样去实践。二是"我的做法有什么样的理论依据？"可以这么说，任何成功的经验做法一定能够找到相关的理论支持，从疲于实践到寻找理论支持的过程，也就是一个老师从经验走向理论的过程，这是一个很重要的转折，可以说意味着教师成长方式的转变。三是"在这一理论指导下，我的教育实践可以获得怎样的进一步发展？"我们寻找理论依据并不仅是为了证明个人实践的正确性，其更重要的作用是通过理论提升教育实践，让教育实践在理论的指导下走向更加系统、科学和高效的发展道路。

对失败的教训进行归因修正。有一句话说，失败是成功之母。这句看起来已经有些过时的名言，在教师成长的过程中依然具有效力。人总是难免会失败，问题的关键是如何对待工作中的失误甚至错误——是"背着牛头不认账""无理辩三分"式的拒不反思，还是心平气和地承认不足，积极对失败进行合理归因从而寻找到解决问题的最佳方案？这两种对待失败的态度，从某种意义上决定了一个老师可以在教育道路上走多远，可以在教育事业上取得多大的成就。在大多数时候，教师都是在遗憾中获得成功的，当然这需要以研究作为背景。

从失败走向成功，大概要经过以下三个关键环节：一是对问题的陈述和概括，就是把自己失败的过程写出来，进行背景描述和关键环节记录，从而把一个失败的案例完整地呈现出来。二是对问题进行归因，找到自己的教育实践与问题后果之间的联系、解释和因果，从而真正发现问题背后的原因，为问题的彻底解决确定方向和依据。三是形成较为合理的修正方案或策略。发现问题背后的原因为问题解决提供了可能性，在这之后就要通过一定的科研方法寻求最佳解决方案，进入积极的自我改进状态。可以说，问题解决的过程就是科研的过程，问题解决的方案也就是由失败获得的教育研究成果。由此来看，从"失败"到"成功"，中间最需要的就是教育研究。

对存在的困惑进行解释突破。教师在实践中总免不了会遇到搞不清楚的问题。这些困惑就像是一把"双刃剑"，处理得好会成为教师成长的梯子，处理得不好则就有可能成为教师专业发展的绊脚石。比如说，当一个教师遇到了一个比较纠结却又不容易解决的问题时，如果他能够通过某种方式搞清楚，问题得以解决了，那么他收获的不仅是处理此类问题的方法，还有他进一步积极进取的激情和信心。相反地，这个问题得不到解决，他就会因焦虑不安而失去内心的平衡，然后就会遇到下一个问题。如此循环，他积压的困惑越来越多，就有可能慢慢走向倦怠和颓废。所以，及时化解教育生活中的困惑是教师走向专业成长的重要路径。

一个疑难问题或教育困惑的解决，需要教师的研究意识和一定的研究能力。首先要做的就是对困惑的复述或表达，这既是对问题进行理性思考的过程，也是重新确认问题的过程。对一个教师来说，能够清晰而又准确地表达自己的困惑，本身就是问题解决的良好开端。其次就是能够充分解释困惑。任何一个问题之所以成为困惑，就是因为当事者不能用自己的已有实践来解释当下的问题，这就要求教师必须换一个路径来探寻原因。也就是说，教师不仅要能凭自己的教育教学经验来解释问题，还要能够借助教育原理和科学数据等来分析问题，从而获得比较理性的、科学的解释。最后就是要找到解决困惑的路径，这就需要借助科研的力量，通过多种科研方法和路径开展综合研究，从而获得较为理想的研究成果。

　　事实上，教育研究本就不需要故作深沉的高大上，一线教师做研究更需要接地气。基于自己的实践、经验、教训和困惑，开展有效的微研究、小研究、真研究，在具体的研究过程中因喜欢而全身心投入，因豁然开朗而获得能力和动力，这才是教师走上研究之路的最佳形态。

王维审

2020年7月11日

第六章

管理赋能：
寻找班级建设的道与术

　　没有做过班主任的老师是不完美的，没有班级管理经历的教育人生是不完整的。除非你不愿意，否则没有人可以阻止你。作为青年教师，你应该有勇气去叩开"班级管理"这扇大门，用执着、坚定、热情、无悔来追求一种积极进取、勤学善思、专业成长的精神生命，并将其视为人生永恒的快乐。

优秀班主任的六项关键素养

> 我经常听到"优秀班主任"这样的说法，但是看看身边的优秀班主任和宣传报道中的优秀班主任，会有很大的差别。如果必须要用一些内在的东西来证明班主任的"优秀"，您认为可以拿什么来证明呢？

年轻的老师：

站在班主任专业成长的立场，我觉得以下六项素养应该是优秀班主任有别于普通班主任的关键所在，也是可以证明优秀之所以优秀的重要依据。

鲜活的教育知识。 教育知识的典型要素有三个，分别是知识体系的完整性、知识结构的系统性和知识储存的鲜活性，其中知识储存的鲜活性尤为重要。当下的班主任都接受过多年的高等教育，拥有硕士和博士学位的班主任在中小学也已经开始变得司空见惯，相对于基础教育所要传递的知识量来说，这些班主任的知识不仅足够而且绰绰有余。但是，很多高学历的班主任却无法胜任看似简单的中小学教育工作，其原因大概就在知识储存的鲜活性上。知识储存的鲜活性可以从以下三个方面进行界定：一是知识的来源，要看这些知识是被动接受而来还是从实践中主动提炼而来，通常来说学究型的班主任多是知识的储存器，虽然容量丰富却并不易作用于教育教学，这样的知识就不够鲜活；二是知识的更新，因为专业行动的需要，教育知识需要不断与时俱进，用几十年前的知识培养现在的学生，肯定会造成教育的低效甚至产生负面作用，源头活水式的知识溢出，才是班主任知识获得的最佳方式；三是知识的力量，"知识就是力量"是一句耳熟能详的名言，但是从"知识"到"力量"需要一个发酵的过程，就是将获取的知识与自我经验重新建构的过程，这样一个过程的存在、有效和创新决定了力量输出的强度。

生动的教育实践。对于班主任来说，实践是最拿手、最容易、最常态的教育行动，很多教师的口头禅就是"别的不敢说，咱就是管学生行！"有些学校领导评价优秀班主任时，通常也会以"课上得不错""班级管得很好"之类的语言来描述。似乎，教育实践是班主任最不需要强调的一项素养，也是人人都能够充分自信的领域。但是，人人都会、都行、都充满自信的教育实践，并非就是真会、真行、真可以自信。因为，我这里所强调的教育实践在一个"生动"上——实践容易，生动的实践就很不容易。很多时候，我们评价教育实践质量是以结果为标准的：一个班主任的教学成绩第一，我们就觉得他的教学实践很优秀；一个班主任的班级管理量化领先，我们就会觉得他的班级管理实践做得到位……诸如此类的判定俨然已为大家所默认，自然成习惯的误区也就不再被关注。其实，教育实践评价的关键不应该是结果，而应该是过程，也就是教育实践的生动性——能够点燃学生的生命，沸腾而热烈。具体来说，生动的教育实践应该是有趣的、温暖的、可以被欢喜着接受的，生动的教育实践应该是有力的、能驱动的、可以欣欣然成长的。

丰富的教育经验。经验是实践的脚印，按理说所有的教育行动都会留下清晰可见的实践经验。但现实的实践中，也有不少班主任像是在石板上走路，即使日行万步也留不下一点印迹。这说明教育经验不是自动生成的，不会自然而然地出现在行走的过程中，通常需要下面的萃取过程：一是复述，班主任的实践经验通常是来自教育管理现场，但不会立马在现场中产生，所以经验萃取的第一步便是对实践活动的叙说和表达——用严谨的语言或理性的文字来还原现场；二是提炼，就是将实践复述中获取的诸多元素进行钝化、锐化、合理化，把非关键的、非需要的内容进行钝化，把关键的、必要的内容进行锐化，然后使用逻辑把锐化后的关键要素进行合理化建构；三是外化，就是形成经验文本或操作模式，好的经验文本要在形式上做到有架构、有策略、有路径，在内容上做到有大纲标准、有关键步骤、有具体做法，要避免天马行空、泛泛而谈。对于一线班主任来说，是否具有从实践中萃取经验的能力，决定了可以走到哪里、走多远；是否能形成经验萃取的习惯，决定了教育生活的品质和教育未来的敞亮程度。

朴素的教育主张。什么是教育主张？教育主张就是班主任在长期教育实践中产生的聚焦性的思考与结构性的见解。这里的"聚焦"和"结构"是关键词，"聚焦"是说要从整体的、广泛的教育实践中提炼出鲜明的观点或独特的认知，而不是就事论事、即兴而发的闲谈碎论；"结构"则是强调观点或见解的系统性、逻辑性和整体性，而不是观点的罗列或堆放。其实，每位班主任都有自己对教育的主张，它存在于班主任的教育生活之中，支配着班主任的教育教学实践。但是，通常来说，这些教育主张往往是缄默的、模糊的、不自觉的、不严谨的，甚至可以说是飘忽不定的、不被班主任认知的。所以，班主任需要学会提炼自己的教育主张，将那些隐匿在教育实践经验里的观点、见解等凝练成独特的主张，通过系列逻辑加工成为可以阅读、感悟、理解及被认同的思想，并作用于具体的教育实践，优化教育行动。那么，我为什么要强调"朴素的教育主张"？这是针对众多"教育主张"过于华丽、过于务虚而提出的观点。在一些班主任看来，教育主张就是华丽的短语短句，就是让人耳目一新的标语口号，这其实是一个很严重的误区。真正的教育主张应该是朴素的、接地气的，是可以让人瞬间感悟到其本质和内涵，并能够形成行动逻辑和行走力量的文字表达。

斐然的教育成果。班主任对教育成果的理解，各有各的观点和看法，但越来越严重的狭隘化、具体化理解已经成为一种主流。其实，教育成果绝不仅是指优良的教学成绩、优秀的教育质量，也不仅是发表的论文、出版的专著、结题的科研项目，更不是这些项目的结合或汇总。准确地说，以上的诸多只能算是教育成果的外显或物化，属于人们愿意看到、能够看到的标志物。真实意义上的教育成果，应该是教育主张的生成、继续与深化，是在教育主张的指导下开展的实践活动、梳理的实践经验与生成的实践成果。它既包括理论上的理念、策略、路径或模式，也包括实践上的影响、结论和实物，是以教育主张为根基生长出来的、完整的大树。对于一线班主任来说，其实并不乏树叶、树枝之类的小收获、小成果，大多数人缺少的是枝繁叶茂的大树，也就是将零散经验成果化的意识。成果的梳理和提炼是班主任的基本能力，成果的绚烂与斐然是优秀班主任的典型标志，所以能够呈现斐然的教育成果，的确是区分班主任平庸与优秀的重要依据。

自觉的教育情怀。只有当教师实现教育性生存时，教师才会对职业产生神圣的使命感与责任感，也才会感受到职业的价值和意义所在，从而以满腔热忱投入教育生活中去。这句话同样适用于班主任群体。这里的"教育性生存"强调的应该以下面三点为底色：班主任对教育本源的不懈追求，班主任对教育生活的不竭激情，班主任对教育理想的生动情怀。作为班主任，如果没有一种自发的教育理想、自愿的教育追求和自主的教育行动，就很难成为好班主任，更难以成为卓越的班主任。而自发、自愿、自主综合起来说就是班主任的专业自觉，就是主动作为、自我觉悟的专业发展意识。或许可以这么说，自觉的教育情怀是修炼前面五种优秀品质的基础和保障：只有自觉的知识建构才有可能鲜活，只有自觉的教育实践才有可能生动，只有情怀的融入才能生发丰富的教育经验，只有情怀的质朴才能衍生教育主张的朴素，只有情怀的丰富才有可能获得成果的斐然。抑或这么说，前面五种优秀品质的共同涌现，也就是自觉教育情怀生发、盎然与激荡的开始。

王维审

2021年4月30日

班主任成长的三个永恒等式

> 我听过很多人的讲座，聆听到了各种各样的成长方式，但却又有些困惑——我实在是不知道，到底哪种成长方式更适合我，也不知道应该遵循怎样的成长策略。我想问问王老师，您能不能讲一些通识性的、普遍性的成长模式呢？

年轻的老师：

实事求是地讲，班主任的成长并没有现成的模式可供选择，也不会有适合每个人的万能模式。但在班主任成长的过程中，也会有一些可以遵循的东西。归结起来讲，大概有这样三个等式值得年轻教师们思考和借鉴。

激情+蛮干=失败

年轻的班主任有激情、有干劲，凭着年轻和初为人师的兴奋，他们往往能够全身心地投入工作中。到校最早的、离校最晚的、最卖力的、最能干的都是他们，寸步不离地守着孩子、加班加点忙到晚的是他们，最容易受伤、最执着、最辛苦的也一定是他们，身心最疲惫、最没有成就感的也一定是他们。

他们真的是充满激情地在干，但是教育只有激情是远远不够的。激情是一种有爆发力的情感，迅猛、激烈、即时的特点也就决定了它不会是长久存在的一种动力。这种来得快、消失得也快的动力只可以推动起步的短暂时间，这期间如果没有明确的奔跑方向，那么这种激情只能让倦怠来得更快、更强烈。这个时候的干，是在苦干、蛮干、不讲效率地干，是一种没有方向的奔跑，是在利用巨大的感情力量支撑着自己超负荷地运转。就像一张拉得太满的弓，要么射出巨大的力量，要么是弦断弓裂。太过功利的激情加蛮干带给学生的往往是"压力"而不是"动力"，学生天天被老师施加的强大压力包围，时间久了就会衍生逆反和厌倦，教育就会走向失败，那么教师也就与失败不期而遇。

只有激情的教育是走不远的，激情助推的蛮干对教育来说是一种伤害，那么我们在冷静下来以后，应该学会第二个公式。

学习+反思=成长

最初没有方向的激情可能会让人茫然不知所措，要想把自己从焦头烂额中拯救出来，教师就必须学会学习和反思。

随着时代的进步，教师学习的途径和方法也越来越多，除了身边的优秀教师、报纸杂志、专家报告会等传统的学习载体外，班主任更应该关注网络带给我们的学习机会。很多优秀的教育网站不仅带给我们丰富的教育资源，更给我们提供了沟通交流的平台。足不出户，就可以领略大师的风采；坐拥论坛，就可以与名师平等交流，这些都是网络带给我们的便利和财富。教育在线、K12等教育网站，《班主任》《班主任之友》《德育报》《中国教师报》等优秀报刊，均设有教育论坛，论坛里云集了全国各地的名师大家、"草根明星"教师，如果我们能够长期参与其中的一个论坛，对于我们的成长就会带来可能与机遇。

比学习更重要的是反思。班级日常管理工作很琐碎，一天到晚陪着学生学习、跟着学生做操、守着学生自习、盯着学生扫除，像保姆一样任劳任怨，像勤杂工一样什么都干，像父母一样唠叨个没完。如果不能给自己一点时间，静下心来认真反思，对于班主任来说是一件很可怕的事情。反思的方法有很多，很多班主任习惯写日记，这是一个很好的习惯，但是我建议大家还是写写博客，用这种网络日记代替传统日记。因为博客是可以交流的，既可以展示你的思想，也可以得到别人的建议，还可以得到外来的鼓励，这要比传统日记有价值得多。

勤学习，善反思，这是我们开始成长的第一步，而这一步的迈出，必将成就我们的目标。

专业+智慧=成功

2002年10月，全国第11届班集体建设理论研讨会提出了班主任专业化的命题，自此班主任专业化问题就引起了教育界的广泛关注，一时间理论的探讨、实践的探索风起云涌。经过多年的沉淀和积累，以高尚优良的人格、合理的知识结构、完善的能力结构和良好的身心素质为主要内容的专业素质结构得到了广泛的认可，这四项内容也就成了判定班主任工作是否专业化的"四项基本原则"。2006年，教育部《关于进一步加强中小学班主任工作的意见》首次明确了"班主任岗位是具有较高素质和人格要求的重要专业性岗位"，指出"中小学班主任是班级工作的组织者、班集体建设的指导者、中小学健康成长的引导者"，明确提出了"班主任工作是具有高度专业性的工作"。这就要求我们班主任必须具备良好的专业意识、专业信念和专业追求，把班主任工作做专、做好、做精，改变那种"人人能为，人人须为"的非专业性认识。

班主任工作需要专业化，更需要教育智慧。在智慧浸润下的班主任成长必然会芬芳满地。

一位生命学家曾说，人的生命有三重：生理生命、精神生命和超越生命。庸人追求生理生命，所以庸常；圣人追求超越生命，所以卓伟。作为班主任，我们既不甘平平庸庸，又难求超凡入圣，所以只能用我们的执着、热情、坚定、无悔来追求一种积极进取、勤学善思、专业成长的精神生命，并将其视为人生永恒的快乐！

王维审

2018年9月17日

优秀班主任应该具备的五种意识

在我们学校，我算是最优秀的班主任之一，属于被学校列为标杆的人。当我参加了这次班主任培训，特别是聆听了王老师您的讲座后，我突然觉得自己竟然是"井底之蛙"，并且还是不知天高地厚的"井底之蛙"。我已决定，从现在开始向真正的优秀班主任去发展。您能否告诉我，在通往优秀班主任的路上，我可以从哪些方面做一些"武装头脑"的前期准备？

年轻的老师：

我这里还真的没有可以用来"武装头脑"的东西。但是，我觉得想成为优秀的班主任，首先要弄清楚的就是优秀班主任所具备的一些特质，或者弄清楚"想让自己成为优秀班主任"应该修炼哪些意识。我可以给出的建议有五个，也就是我所理解的五种意识。

发展意识。每到一个地方给老师讲课，我都会和老师们互动一个话题：踏上讲台的第一天，你潜意识里的教学经验来自哪里？做班主任的第一天，你一不小心模仿了谁的班级管理方式？大多数年轻老师的回答很一致，那就是自己的老师、自己的班主任。虽然我们接受了规范的高等师范教育，但是那些"准老师"接受的多是"高大上"的专业理论，很少有教学实践层面上的有效训练和指导，当他们踏上讲台的那一天，就只能从自己中小学阶段的某个或某些老师身上寻找模仿对象，我们的老师怎么教育我们，我们就怎么教育学生。这种技能上的"长大后我就成了你"，对班主任来说是专业成长的巨大危机。时代在发展，学生在变化，我们的教育实践却因为言传身教式的"世袭"而停滞不前。这是一种可怕的现象，班主任的实践方法一直在"向后看"，思想理念和发展意识自然也就向后生长。如此下去，班主任的专业化发展也就只能是一种空洞的设想。

对于班主任来讲，若要成为一名优秀的班主任，首先弄清楚班主任工作的时代特征以及发展趋势。我曾经对自己从事班主任工作近30年来的理念进行过梳理和提炼，确定了各个时代的关键词：第一个十年的关键词是"爱心与奉献"，在班级管理中强调近乎亲情的师爱，对班主任的要求大多集中在无私奉献、默默耕耘等道德方面的要求上，园丁、蜡烛、春蚕、孺子牛、人梯等成为以班主任为主的教师群体的专属称谓；中间十年的关键词是"民主与科学"，民主管理成为班级管理的主流意识，班级管理的策略和方法更加注重科学性，小组管理、量化管理等成为班级管理方式的典型代表；最近十年的关键词是"自主与专业"，班级管理注重学生的自我发现和自我成长，班主任自身的专业化发展开始逐渐步入快车道，个性、特色、专属等成为班级管理的符号特征。

这三个"十年"不是严格意义上的时间断代，只是一种相对集中的时间划分，每个时间段的典型特征也绝非非此即彼的排斥。这些典型特征只是代表了某个时间范围内，班主任工作的潮流和走向，它带给我们的意义有两个：一是明晰自己所处的时代，洞察这个时代班主任工作应该遵循的朝向；二是给自己一个明确的发展定位，让自己的发展意识符合主流特征。

　　专业意识。21世纪初，班主任的专业化问题在民间开始酝酿并被积极推动，2006年教育部出台《关于启动实施全国中小学班主任培训计划的通知》，正式赋予"班主任"这一岗位以专业形象。十多年的时间，班主任的专业化发展却没有取得实质性的突破，班主任始终还是一个"轮到谁谁干、指派到谁是谁"的临时性兼职。班主任工作的教育实践也大都局限于约束学生、维持秩序之类的"管理"上，甚至被收款、催钱、发通知等烦琐事务所纠缠，专业和专业化更多的还是停留在口号中。更重要的是，我国还没有一个完整的班主任专业标准体系，所谓的班主任专业化发展多是管理文件中的一些简单规定，本身就不具备专业性和专业价值。专业不专职的现实尴尬以及专业标准的缺失，必然导致了班主任群体的专业发展始终处于一种自发的、无序的探索状态。对于班主任专业发展的描述和解读，也是百家争鸣、群雄逐鹿，还缺少一个系统、完整、大家公认的目标和模式。在这种环境下，教师的专业意识就显得尤为重要。在班级管理的具体实践中，以专业的意识思考问题，用专业的手段解决问题，靠专业的思考成就管理，这是每一个班主任可以去尝试的成长之路。

　　班级管理中，总会有学生在班级卫生值日时不认真，作为班主任肯定要对其进行必要的惩戒。我想以这个问题的解决来谈谈班主任的专业意识。M同学经常逃避卫生值日，这一次因为他未按时打扫自己的责任区，学校对班级进行了扣分处理。接下来，你会如何处理M学生？可能，你决定要罚他在一周内独自打扫班级卫生。这样，问题就来了：一种可能，他按照你的要求，认真打扫了一周卫生；另一种可能，他当面顶撞你，拒不接受你的惩罚。如果是后者，将会让你的班级管理陷入尴尬境地。其实，即使是这样一种常见的班级惩戒，也应该有其专业性，大致需要履行以下三个方面的程序：一是事前评估，要关注学生的成长史，预估一下惩戒决定宣布后学生的可能反应，甚至包括家长的可能态度，然后才可以根据情况、班规当众宣布处罚决定；二是过程推进，作为班主任必须做到全程跟进、坚决落实，并在执行惩戒过程中注意实施人文关怀，实时调整惩戒方案；三是效果优化，在惩戒结束后必须对M同学惩戒期内的行为进行评价，以此来强化班级制度的权威性，并主动开展反思，形成可视的管理经验。如此，实施惩戒的过程就成了班级制度建设的过程，惩戒的价值和意义也会因惩戒的专业性而被主动放大。

借力意识。英国大英图书馆，是世界上著名的图书馆之一，里面的藏书非常丰富。有一次，图书馆要搬迁，从旧馆搬到新馆去，结果一算，搬运费非常贵，根本就没有这么多钱，怎么办？有人给馆长出了个主意。图书馆在报上登了一个广告：从即日开始，每个市民可以免费从大英图书馆借10本书。结果，许多市民蜂拥而至，没几天，就把图书馆的书借光了。书借出去了，怎么还呢？图书馆要求大家把借的书还到新馆里去。就这样，图书馆借用大家的力量搬了一次"家"。我想，这个故事告诉我们的是：智者要借力而行，一个优秀的班主任一定要具备借力意识。

班主任工作的专业性很强，而一个人的视野，往往没有那么宽阔，能力也有局限，这就需要我们学会借力：向同事借力，让班级成为所有任课教师的公有领地；向学生借力，让民主和自主成为班级管理的常态理念。从这个意义上来说，班级管理的艺术就是一种借力的艺术。其实我们还可以向家长借力，班级家委会是班级管理的一支重要合作力量，也是最有"力"可借的一股资源，但"如何借"和"借什么"是十分值得探究的一个问题。那种把家委会当作后勤处、物资供应商的做法，不仅会损害班主任和学校的形象，而且容易把溺爱、包办等家庭教育弊端带到班级中来。家委会应该是连接家庭教育和学校教育的桥梁，传递的应该是教育的力量和理念，而不是物质。这个桥梁应该是双向的，既不能只是从家庭流向学校，也不能仅从学校流向家庭。我们可以让家庭教育补充我们的学校教育，也可以让我们学校的专业教育能力帮助家庭教育趋向完善和完美。

　　除了家长力量以外，我们还有很多的资源可以借用。比如诸葛小学的公雯雯老师，她所在的学校是个村级小学，家长资源也很贫瘠，但是她却学会了向社会资源借力——依托白沙埠镇的孝道文化底蕴，开展了一系列主题教育活动；依托各行各业名人力量，精心培养学生的国际思维。吉林省公主岭市秦家屯第二中学班主任李素怀，一位农村中学班主任，她用自己的坦诚和执着把漫画家、书法家、作家等行业精英引入到自己的班级管理中，她奖励给学生的可能是著名漫画家专门为学生创作的肖像画，学生得到的生日礼物可能是著名书法家亲笔书写的座右铭……更可贵的是，她和她的学生在与这些名家的交流交往中，视野开阔了，境界提升了，教育变得坦然了。

　　课程意识。有一位老师在微信上发了一组树叶画照片，引起了我很大的兴趣。后来我有机会去了她们学校，亲眼见到了学生用树叶精心制作的树叶画。这位老师告诉我，她们近期打算搞一次展览，把这些优秀的作品在全校进行展示。我给了她一个建议，单纯的树叶画制作只能算是平常意义上的小制作，单纯的展览展示也只能是一次学校活动，这些都不足以把树叶画的教育价值和意义充分挖掘出来。我们可不可以这样想，一片叶子从发芽到长大再到凋落，这是一次生命历程，用树叶作画其实是赋予了落叶的第二次生命，甚至是永恒的生命。如果我们从对植物的认识、栽植、养护开始，到对落叶的艺术性加工、实用性加工、研究性加工制作，再到树叶画内容的故事性、经典性、生成性拓展，那么树叶画这样一个简单的手工活动，就可以构建起一个包含生物学知识、审美能力、实践能力、环保知识乃至经典阅读等内容的"叶子课程"。

　　《当代教育家》杂志总编、北京亦庄小学校长、著名教育人李振村老师把第二届当代教育家论坛的主题定位为"用课程改变学校"，这对我们的班级管理具有很大的借鉴意义。如果我们把视野放在国内班主任研究领域的顶端，我们会发现班本、师本课程已经成为班主任工作特色彰显的一个主要渠道。换句话说，班级活动课程化已经成为趋势，用课程改变班级的时代已经到来。在我们的班主任中，有很多人所做的班级活动都已经接近课程的实质，只是缺少课程化的系统梳理和整合，或者是缺少一个课程化的提升。有一位班主任，持续坚持做主题班会，她积累的主题班会材料已经达到了150个，并形成了有主题、成系列的班会资源库。如果我们再有意识地对这些资源进行课程化的系统整合，以"主题班会课程"的视角去审视这些主题班会的价值和意义，这些主题班会的教育意义和价值就一定会得到衍生，这位班主任的发展道路也会越来越广。还有一位老师，她积累起来的材料大都与交流互动有关，比如用故事、儿歌等与学生互动，用纸条、书信与家长互动等。如果用课程的理念来定义的话，她的方向可以放在"班级对话课程"的实践和研究上。同样，那些把童话阅读引入班级管理的班主任，用《论语》等国学经典培养学生良好习惯的班主任，用古典诗词涵养学生心灵的班主任，等等，这些以班主任的个人爱好特长进行的教育实践，都值得我们进行课程化的打造，并且努力过后也终会成为独特的班级课程。从班级活动到班级课程，不仅是名称的改变，还是一个从单薄到丰厚、从零散到系统的建构过程。从本质上来讲，它改变的不仅是教育的容量，更是教育的价值。

品牌意识。在电子技术领域，提到日本，大家想到的一定是索尼和佳能；提到韩国，就不能不想到三星。在很多时候，品牌所带来的不仅仅是利益，更是一种品质和力量。所以，当中央电视台打出"相信品牌的力量"这句主题广告词时，其强大的宣传力量瞬间影响了整个中国广告界。细致到生活、超市购物，在价格相同的情况下，我们往往会选择品牌商品，这就是我们对品牌的认可和信赖。

我一直在想，每一个行业都有自己的特色和品牌，我们做班主任的是不是也应该有自己的特色？是不是也可以打造属于自己的教育品牌？回答是肯定的，每一个愿意成长的班主任都应该有一手绝活，有一张走出校门、区门，乃至省门的金字招牌。这就要求优秀班主任一定要有品牌意识，要给自己定好位，竭力打造自己的治班特色，形成自己的品牌。班级管理是一个极富弹性空间的成长领域，也是一种容易形成特色的教育实践活动。一个品牌班主任的成长大概需要这样一个基本路径：通过一段时间的实践，成为一个合格的班主任，具有娴熟的、足够满足班级管理的能力和智慧；通过深刻的思考和反思，发现自己的特长和专长，做一个有特长的班主任；通过不断完善和张扬自己的特长，让特长成为特色；通过对特色的打造，让特色无限发展，并形成稳定的品牌形象。简单地说，就是"成熟班主任—有特长的班主任—有特色的班主任—特色班主任—品牌班主任"。有句话说，"不想当将军的士兵不是好士兵"。套用过来就有了这样一句话：不想成就品牌教育的班主任一定不是好班主任。这样的语言听起来似乎有些不够高大上，却指明了我们成长缓慢，甚至停滞的主要原因——我们不是缺少成功的潜质和可能，而是缺少自觉、自愿、自发成长的渴望。

还是要重复一遍前面的那句广告词——请相信品牌的力量。

王维审

2015年1月9日

成功不过是多做了一点点

不管因为什么，不管是不是心甘情愿，每一个人只要做了班主任，在最初的时候就都应该有过对成功的向往。谁都希望在某一个领域能够站在巅峰被人欣赏，谁都渴望自己的付出在某一天变成灿烂的鲜花和雷鸣般的掌声。可是，放眼望去，身边的人却大都平庸无奇，慢慢地自己也就走向了碌碌无为。王老师，这其中的原因到底是什么呢？

年轻的老师：

如你所说，没有一个人在开始的时候就自甘平庸，这是毫无争议的事实。但是，在经过一段时期的努力之后，为什么总是有人沦为了平庸，并且是绝大多数人？这的确是最值得我们去思考的问题。我愿意和你一起探讨这个问题。

毫无准备——最初的手忙脚乱

班主任本该是一个很专业的岗位，对老师的个人素养有很高的要求，但就是这么一个事关"人的成长"的岗位，却从没有人会想到来一个必要的岗前培训。在很多人的心里，班主任工作就像是一个无师自通的行当，顺便告诉你一声"你是某班的班主任"后，任何人都可以轻松上任，并想当然地觉得，你就应该驾轻就熟地担当起班主任的职责。

于是，很多人在懵懂中开始了班主任生涯，有的纯粹就是凭着自己的感觉，有的完全模拟了自己上学时的某一个班主任，有的可能会谦虚地请教周围有些经验的班主任。这或许就是他们入职的第一次摸索——寻找班主任的感觉，虽然都是自发的，各自朝着不同的方向，毕竟是有了行动的样子。这种自我的职前调适，无异于会议发言前的清嗓子动作，除了生理上的需要和壮个胆子以外，其实不能改变发言的内容，更不能成就发言的精彩，实质上是没有很大作用的，最多只是一种习惯性的需要。说到底，老师们在进入班主任岗位之前是毫无准备的。

而那些毫无准备的班主任，在开始班主任工作时，迎面而来的是一群伴着网络文化和快餐文化长大的孩子，独立意识、叛逆情绪和蛋壳心理，这些班主任听都没有听过的"穿越"心理特点，一下子就晃了我们的眼，乱了我们的阵脚。单亲家庭、留守儿童、"蜜罐宝贝"急剧增加，这一切都在挑战着班主任的综合素质。而我们，大多还是继承着固有的师道尊严，还在留恋着戒尺与规矩的盛威，还在用顽固的秩序情结给追求自由的孩童定一个预成的行为模式。总之，就是一句话，我们毫无准备，我们落在了生命成长的后面，拿什么去谈教育？

心乱了，班主任工作岂能不乱？

简单重复——留不下的成长痕迹

有个寓言故事，对我影响至深，在每一个即将消沉、放弃的时候，它都会给我以鼓励和鞭策。

唐太宗贞观年间，在长安城西的一家磨坊里，有一匹马和一头驴，它们是好朋友，共同为主人推磨。贞观三年（629年），这匹马被玄奘大师选中，出发经西域前往印度取经。17年后，这匹马驮着佛经回到长安，它重到磨坊去见驴子朋友。老马谈起这次旅途的经历：浩瀚无边的沙漠，高入云霄的山岭，凌峰的冰雪，汹涌的波澜……那些神话般的境界，使驴子听了极为惊异。驴子惊叹道："你有多么丰富的见闻啊！那么遥远的道路，我连想都不敢想。"老马说："其实，我们跨过的距离是大体相等的，当我向西域前行的时候，你一步也没停止。不同的是，我同玄奘大师有一个遥远的目标，按照始终如一的方向前进，所以我们打开了一个广阔的世界。而你被蒙住了眼睛，一生就围着磨盘打转，所以永远也走不出这个狭窄的磨坊。"

我对盛唐时期的这头驴子和那匹马怀有厚重的对比情结，它们所做的工作是一样的，都是在负重下艰难跋涉。只不过，驴子是在一个封闭的环境中做着简单的往复循环的工作，所以虽然时光荏苒，它绕来绕去的还是那个走了亿万次的磨道、那间小屋，它所经历的还是那间磨坊的沧桑变迁。而那匹马为自己设立了一个遥远的目标，并为此而不懈努力，它的每一天都是新的，每一次经历都是鲜活的，都是值得激动、欣悦和珍藏的。其实这个寓言故事所揭示的道理主要有两点：一是人要有目标，并且是高远的目标；二是要放长生活的轨迹，可以简单但不能重复。我更认可后者。

在很多人看来，班主任管理工作就是那头驴子的工作，每天踏进同一个校园，面对着同样的学生，上着同样的课程，忙着同样的烦琐事务。因那些应付不完的检查而疲惫，因日复一日的重复而倦怠，鲜活的生命因此而结茧老茧，工作也因此而成了一种负担、一种应付、一种生存的工具。职业里，如若没有感情的投入，职业也就永远只是挣钱糊口的营生而已，既不可能生动，也无所谓创新。其实，我们每一位班主任都可以把自己的工作做成那匹马的工作。虽然我们工作的环境只是一所小小的学校，站立的也不过是三尺讲台，但是我们面对的是一条条鲜活的生命：一个班级几十个孩子，那就是几十个不同的人生，几十个不同的家庭，把这些生命连接起来该是一条多么漫长的征途；几十个孩子，那就是几十个故事的原创者，每天该有多少个原创的、动人的故事在你的视野里上演；每一个孩子的每一天，都该是一片不同的风景，只要你愿意欣赏，你可以尽情地陶醉，尽情地书写，尽情地享受。

换一个角度去观察，你就会发现那些琐碎的鸡毛蒜皮、你打我闹的争吵里，其实有着很多美好的东西；换一种心态去感受，你就会觉得那些看似重复的劳作里，其实有很多风景被我们忽略。只是，我们大多数人，还是习惯于简单的重复，不去思考，不去深入，不去找寻。自然，在那条踏过了千万遍的"磨道"上，永远也不可能留下成长的痕迹。

成功之路——总得多做一点点

乔恩·戈登写过一本书，《再加10%：从平凡到卓越》。按照乔恩·戈登的算法，成就卓越在于坚持在小事上做得比别人好10%、5%，甚至1%，成功的人也不过是比别人多做了一点点而已。对于班主任来说，不管你是在应付还是在努力，其实你都做了那些常规的、必做的工作，但是有的人成功了，有的人没有成功，那你就要真的去认真思考：自己少做了什么？就像是一件名牌衣服与一件普通衣服，基本的工序应该是一样的，只不过名牌的衣服可能做得更精致一些，更精美一些。换句话说，名牌衣服一定会有比普通衣服多出来的那一点点不同。而恰是这一点不同，就划分了卓越与平庸的界线。

我在学校工作时曾经力推过"新教育实验"，还邀请了榜样教师常丽华到我们学校做了一次报告。报告结束后，很多老师觉得新教育实验太难做，很难做到常老师那样的高度。我有点开玩笑地说："其实常丽华老师所做的工作我们都做过，只不过她比我们多了一点坚持，多了一点努力，多了一点勤奋。"现在想来，这些话还是有些道理的：新教育实验有成千上万的人去做，比常丽华老师聪慧的一定有，比常丽华老师水平高的一定有，为什么她成了标杆，别人不行呢？举一个简单的小例子：常丽华老师每天让孩子带一张便条回家，里面有对孩子的鼓励、给家长的建议等，几年下来竟然积累了20多万字。类似的事我们也做过，有的甚至做得还很精致，只不过我们没有坚持下来。一天两天，一个月两个月，感觉到乏味了，或是工作忙了，没有心情和精力去做了，也就放弃了。从这点来看，常丽华老师比我们多的或许真的就是一点坚持。

　　是卓越还是平庸，取舍的关键还是我们。

王维审
2017年12月9日

班级规则是班级管理的重要起点

现在听名师大家的讲座，多是用一块糖或者一句话改变一个顽劣孩子，绝少听到使用规则育人的妙招；如果你细听优秀班主任的感人事迹，多是呕心沥血、爱生如子的感人故事，绝少会有人讲科学的管理方法。在这个过分强调爱与尊重的时代，大张旗鼓地谈班级规则似乎有"不合时宜"的嫌疑，虽不至于遭人唾弃，但也有被扣上"理念不新""境界不高"之类大帽子的危险。王老师，我想听听您真实的想法，到底需不需要规则建设？

年轻的老师：

我也注意到了，班级规则建设的确是一个比较敏感的话题。不知从什么时候起，规则成了素质教育最避讳的字眼。实事求是地讲，规则建设是班级管理中频频使用的一种实招，也是班级建设最为重要的一环。我认为，研究规则建设，实施规则管理，在班级建设中不仅需要，而且必要。

为什么要建立班级规则

先分享一个小故事，有七个人住在一起，每天共喝一桶粥，显然每天都不够。一开始，他们抓阄决定谁来分粥，每天轮一个。于是乎每周下来，他们只有一天是饱的，就是自己分粥的那一天。后来他们推选出一个道德高尚的人出来分粥。强权就会产生腐败，大家开始挖空心思去讨好他，贿赂他，搞得整个小团体乌烟瘴气。然后大家开始组成三人的分粥委员会及四人的评选委员会，互相攻击扯皮下来，粥吃到嘴里全是凉的。最后想出来一个方法：轮流分粥，但分粥的人要等其他人都挑完后拿剩下的最后一碗。为了不让自己吃到最少的，每人都尽量分得平均，就算不平，也只能认了。大家快快乐乐，和和气气，日子越过越好。

可见，管理的真谛在于"理"而不在于"管"，管理者的主要职责就是建立一个像"轮流分粥，分者后取"那样合理的规则。其实，不管是自然环境还是社会环境，都有规律和规则存在，班级当然也不例外。建立班级规则的意义可以从以下的角度去理解。

规则是一种期望。班级规则的建立，就是将教师和团队对学生在行为、学习和态度上的期望，通过文字明确地表达出来。这一物化过程，不仅将教师的期望变得稳定，也让学生清楚地知道学校和老师希望他成为什么样的人，并朝着这个目标不停地努力。在班级管理的具体实践中，有的班主任不屑借助规则这个把手，却又没有彻底引领学生道德的能力，导致班级管理落得"满地鸡毛"的境地；有的班主任随性而行，对同一个事件今天一个标准，明天一个条件，弄得学生不知所措、无所适从；有的班主任习惯于严防死守，天天盯着琐碎而具体的大事小情，结果是弄得自己身心疲惫，学生怨声载道。从这个意义上来说，班级规则其实是一种朝向、一种期望、一个学生追求的目标。有了规则的界定，班主任的管理和学生的行为，就有了一个清晰的方向。

规则是一种尊重。《论语·尧曰》说："不教而杀谓之虐。"以我的理解，这句话的意思是：事先不予以教化，不告之行为的规则，待触犯了事先未告知的规则时，按事先未告知的规则进行处罚，是虐政。当然，这是对奴隶社会一些统治者那种"法不可知，威不可测"式统治方式的批判。但事实上，我们很多班主任因为缺乏规则意识，班级管理无"法"可依，往往也会采取"法不可知，威不可测"的强制管理，从而陷入师生关系极度紧张的境地。其实班级规则的制订，这一方面可以让学生学会为自己的行为负责，可以让学生在行为之初就可预期行为可能导致的后果；另一方面可以让规则成为学生正向行为的引导，而不是作为事后的威胁。教而后罚，会让被处罚者心悦诚服；罚而有据，可以减少人为情绪的影响。这种公正、公开的管理，对于管理者与被管理者来说，都是一种最好的尊重。

规则是一种教育。我很欣赏也很向往孔子的"道之以德，齐之以礼"的管理理念，也希望单单靠教师的道德期待和人格的引领，就可以让学生既怀揣理想上路，又可以贴着地面行走。但我们无法回避的是，教育的最终目的是让学生更好地适应社会，而社会是有规则的，我们无法让学生绕开规则而进入社会。事实上，规则意识是现代社会每个公民必备的一种意识，是公民意识的核心要素。规则意识从哪里来？我觉得，这只能是让学生从一个注重规则的氛围中慢慢习惯规则、学习规则。更何况，我们的学生中的一些问题，并不是都能够利用道德期待来解决，一些底线问题仍然需要规则来约束。也就是说，班级规则对于学生的训育，本身就是教育，是一种顺势而为的教育。

怎样建立班级规则

对于班级规则的制订，不同的班主任有着不同的做法。有的人喜欢闭门造车，自己或者"伙同"几个班干部暗暗地就拿出了一整套管理制度；有的人喜欢沿袭，自己在某年或几年前用的班级管理制度，在接手新班级时会再拿过来用；有的人喜欢借鉴或照搬，看到别人很好的班级规则拿过来就用；有的人喜欢民主，完全放手给学生，任由他们自己折腾……其实这都是不大贴切的做法，一套班级规则的形成，至少应该遵循以下三个方面的原则。

师生共同参与。班级规则的制订是为了学生更好地发展服务的，因而规则的制订必须有学生的参与。但是，规则具有"约束作用"的这一特殊性，又决定了它必须有教师的参与和指导。所以比较好的做法是先由教师提出草案，然后由教师和学生一起讨论确定。任何闭门造车弄出来的制度，都不可能得到学生的认可；没有教师引领的规则制订过程，也一定不会产生科学、合理、规范的制度。有经验的班主任，一般会在开学一周后才开始着手制订班级规则，这样做有利于借助班级里一周内出现的问题，就事论事来制订相关的规则，既可以让班级规则接地气，也让规则制订的过程成为学生自我教育的过程。至于学生参与和决定的程度，则需要根据学生所处的年级和身心发展程度来确定。比如在小学的低年级，应以教师为主；到了小学的中高年级，学生就可以适度参与。到了初中，就可以以学生为主、教师为辅了。

融人文于其中。班级规则具有约束力，这一点毫无疑问。但是，因为班级规则面对的是天真烂漫、朝气蓬勃的学生，所以规则未必就要"板着面孔"，在规则的体内植入人文情怀，可以让规则更好地引领生命的成长。一方面，在规则的表述上要尽量使用适合学生的语言，在形式上要符合学生的发展阶段。比如在小学可以多使用儿歌，在初中可以多使用对仗工整、语感流畅的语句。另一方面，中小学对学生而言是一个"犯错不知错"或"犯错不自觉"的成长期，学生的世界观还未彻底形成，自控能力较差，所以班级规则的内容不应该太绝对，要留有学生"知错就改"的余地。因为班级规则的制订，并不是为了惩罚学生、杜绝错误，而是为了引导学生认识错误和改正错误。在这种理念下，学生成长的人文需要，也就超越了规则与方法本身。

懂得更重要。很多班主任以为，班级规则制订好了，张贴在教室里，印发给学生，就一切都解决了，剩下的就是学生愿不愿意遵守的问题了，其实不然。在我看来，让学生懂得规则比制订规则更重要。对于低年级学生，教师的讲解、示范很重要，并且要让学生练习使用规则来解决问题，让按规则行事成为学生自然而然的习惯，知道什么可以做，什么不可以做，怎么做，不怎么做，这才是规则制订的价值所在。对于高年级的学生，则可以多借助班会、论坛、主题活动等来加深学生对班级规则的认识、理解和遵守意识，从而深化班级规则的作用和效果。在实施和制订规则时，加入"君子不贰过"的理念，也是体现规则重要性的一个方面。

建立哪些班级规则

从理论上来说，按照不同的划分标准就会有不同结构内容的班级规则。但从具体实践上来看，班级规则可以分为以下两个类别：一是一般性的班级规则，主要是引导价值、希望和期待，属于主导方向的一种指向；二是特定的班级规则和秩序，包括可以做什么、怎么做、何时做等，希望学生因人、事、时、地、物做出合宜的行为，这是我们通常说的班级规则的主要内容。

简单地说，特定的班级规则就是一种规定了学生（人）在什么时候（时）什么地方（地）可以或不可以做哪些事的制度，比如学生上课的规范、做作业的规范、就餐的规范、列队的规范等。具体来说，主要包括班级管理制度，这算是班级的"小宪法"，比较系统而完整，然后就是较为具体的某一个方面的规定，比如班干部岗位职责、值日制度、班级卫生条例等。这是理论上的一种说辞，在具体的实践过程中，班主任应该尽量避免制度的刻板僵化，多一些新颖、具有时代特色的制度。

"没有规矩，不成方圆"，但并不意味着有了规矩就一定能成方圆。班级规则的制订只是为班级管理提供了一种可能，这只是班级管理的一个起步，规则的落实与修订完善则更需要班主任的智慧。

王维审

2014年7月18日

从规则到公约是班级管理的关键拐点

> 昨天参加班主任培训，听一位老师讲他的班级公约建设。我就联想起王老师您谈到的班级规则建设，您能否谈谈班级公约与班级规则的关系？它们是同一回事吗？

年轻的老师：

我想，班级公约与班级规则都属于班级制度建设的范畴，有着共同的班级职能指向，并没有本质上的区分。但是，两者之间也有一些功能上的分工：班级规则重视实施价值，侧重于对管理效能的关注；班级公约侧重于学生自主管理意识的培养，偏向对育人效能的关注。那么，什么是班级公约呢？公约是指某个集体组织中各个成员之间必须共同遵守的约定。班级公约就是班级成员就班级中的某些问题进行公开讨论达成一致的意见，并且愿意共同遵守的一个规定。如何让班级公约在班级管理中真正发挥作用，是值得每位班主任认真研究的现实问题。

班级公约是什么

我们经常会看到有些班主任制订了特别严格的班级公约，条款内容面面俱到，惩罚力度也足以震慑学生，却往往是雷声大雨点小，过不了一段时间便会在学生的抵触、对抗中失效，这就涉及班级公约的价值选择问题。一般行为管理，特别是学生行为管理往往有两个不同的出发点：一是把管理作为维持秩序的手段，一是把管理作为保障个人自由的手段。显而易见，我们在制订班级公约时，只有把保障学生个性发展及健康成长作为根本出发点时，班级公约才有可能得到学生的认可和遵守，也才有可能建立起真正意义上的班级公约。

在很多班主任看来，班级公约是用来管理学生、让学生听话、遵守规矩的"班级宪法"，它就像是罩在高压锅上的锅盖，让班级成为一个密不透气的容器，从而达到约束学生行为、维护班级秩序的目的，以保证班主任对班级的管理能够顺利进行。其实，这种观点是很狭隘的，虽然约束行为是班级公约的作用之一，但这绝对不是它唯一的作用，更不是主要作用。真正意义上的班级公约，应该是班级这条河流的岸，起着约束中的引导作用，其核心价值应该是引导学生形成良好的行为规范和个性品质，促进学生身心及个性向积极方面发展。

怎样建立班级公约

班级公约的核心就在于"公"和"约"上，它应该是班级全体成员共同参与、共同讨论、共同认可的一种"约定"。公约不能是干枯生硬、强拉硬扯的应景之作，它的建立应该是一种有着明确目标和意义的教育过程。

让班级公约的建立过程成为学生自我教育的启蒙过程。一般来说，班级公约的建立可以从组织班级成员寻找"影响大家生活和学习的问题"入手，通过全体成员的推举、讨论，把本班级中存在的所有问题罗列出来，然后从大家的意见中筛选出"主要问题"，把这些问题进行逐条对照，检查梳理，再进一步确定"非解决不可的问题"。这些"非解决不可的问题"，就是制订班级公约的基点，也是学生自我反思和自我发现的关键点。班级成员通过对这些不能容忍的问题进行深度挖掘，明确其危害，找出避免这些问题出现的方法，也就成了本班成员应该共同遵守的规范，这些规范一旦得到了绝大多数成员的认可，就可以认定为班级公约。这样一来，每一条班级公约的确定，都是建立在师生共同成长的基础上顺势而为，整个班级公约的形成过程也就成了学生自我教育的过程。

让班级公约的建立过程成为学生民主意识的形成和强化过程。很多有经验的班主任，往往会把班级公约的建立作为对学生进行民主意识培养的契机。比如，班级公约的最终确定，一般需要得到三分之二以上成员的签认，这其中就可以让极少数不愿意签认的成员明白，"少数服从多数"是民主的基本原则之一。再比如，在帮助班级成员理解"班级公约的出发点是保障个人自由"这一观点时，就应该让学生了解自由与纪律的辩证关系：自由是做班级约定所许可的一切事情的权利，如果不对自由加以限制，那么每个人都有可能成为"加害者"与"受害者"。要让学生明白，班级约定的"约束学生行为"这一功能，并不与其发展学生个性、尊重个人自由这样的目标相矛盾。

让班级公约的建立过程成为学生实践能力的培育过程。班级公约的形成与确立是一个庞大的系统工程，绝对不是单靠班主任个人或者少数班干部就能够完成的。一套班级公约系统的最终确定，一般要经历一个月左右的时间，这其中大概需要设计3至5个主题班会、主题辩论会、主题论证会，学生的角色体验也会涉及"议案征集员""草案起草员""书记员"等。如果我们能够把这些活动全部交给学生去策划和组织实施，并尽可能地让每个班级成员体验不同的行动角色，将会大大提升学生的实践能力和行动力，也可以大幅度提高学生对班级公约的认知力和执行力。

谁来监督执行班级公约

班级约定建立以后，到底应该由谁来监督执行是一个很重要的问题，再好的班级约定如果没有好的执行力，也只能算是白纸一张。从现实的教育实践来看，班级约定的执行一般有以下三种情况：一是班主任亲力亲为，一切都是班主任说了算，这很容易让班级约定成为班主任"统治"学生的工具，从而导致学生的抗拒和抵触；二是班主任放手不管，全权交给班干部监督执行，这不仅会出现学生层面的"特权阶级"，还可能会因为学生的认知、判断、管理能力不足而导致对其他学生造成伤害；三是实行轮流负责制，每个学生都有机会单独实行监督管理权，这种看似公平公正的方式，除了会导致"执法"的宽松度严重不统一外，还会因为部分同学的能力缺陷而影响班级管理。

　　比较理想的班级公约监督执行办法应该是：以班主任和全体学生为监督主体，班主任侧重协调指导，全体学生每人负责监督公约中的一部分，做到人人都是监督者，人人都是被监督者。也就是说，把班级公约中的条款分解到每个学生身上，每一条约定都有相关的负责人负责监督和执行，并做到责权利的公开、公平分配，这才是真正意义上的"约而有法"。

　　总之，班级公约的价值应该更多地体现在学生之间的自我约定、自我管理上，其约束的职能要远远放在"约定"之后。换句话说，只有学生源自内心的相互约定，才会带来学生之间自主、自发、自觉的相互约束，这也是班级管理的较高境界。

王维审
2017年10月7日

班级文化是班级建设的最终落脚点

> 我们学校在推进班级文化建设，各班级都在变着花样装扮教室，有的买花养鱼，有的做各种装饰板面，甚至还有人请装修公司来彻底打造……我困惑的是，难道班级文化建设就是把教室变漂亮吗？

年轻的老师：

我想明确地告诉你，班级文化建设肯定不是简单的装饰与美化，你所列举的那些都是片面理解。是的，把教室外部环境变整洁、变美丽也是文化建设的一个方面，但不是最重要的方面。对于班主任来说，能够顺利开展规则管理算是合格的班主任，能够通过公约进行班级自主管理可以说是优秀班主任，而境界更为高位一些的管理，则应该是文化管理，而文化建设就是为了实现文化管理。我今天就和你谈谈班级文化建设的话题。

什么是班级文化

关于班级文化建设的定义可以说是仁者见仁，智者见智，在这里我不想去重复或者创造一个新的概念，我只是想举例子来说明什么是班级文化。以打扫卫生为例，单纯组织学生打扫教室卫生应该不能算是班级文化，充其量是班级管理工作的一部分，但是干净光洁的教室就可以算得上班级文化，只不过是一种浅层次文化的外化。如果我们把问题的着力点放在如何保持卫生上来，并通过不同的方式引导、教育学生看到地上有纸屑就主动捡起来，时时注意课桌椅摆放整齐，保持黑板、卫生工具、垃圾桶干净整齐等，让每个学生形成良好的卫生习惯和保持卫生的意识，都感受到主人翁的责任感——教室就是我的家，这就是一种深层次的精神文化，也就是我们所追求的班级文化的范畴。

班级文化应该是班级所有成员共有的信念、价值观、态度的复合体，它是一种个性文化，代表着班级的形象，体现班级的生命。对于班级文化来说，它不仅是班级发展的力量和方式，其本身就意味着发展，这里的发展说到底应该是人的发展。也就是说，班级文化建设的核心是促进学生的发展，是为学生的发展服务的。但在现实的班级文化建设中，我们会有意无意地忘掉了学生的发展，结果是学生围绕班级文化建设转，而不是文化建设为学生发展服务，这种本末倒置的文化充其量是一种"伪文化"。比如，前面提到的短时间内以装扮教室作为文化建设的做法；还有一些班主任待在办公室里，冥思苦想、精心策划出来许多班训、班级精神等，然后张贴在墙上让学生背诵、吟读，以此作为班级文化建设策略，等等。这些做法，从本质上背离了班级文化建设的初衷，也偏离了班级文化建设的轨道。

班级文化建设要落脚何处

任何文化都不是空泛的口号和虚无的理论，它应该有自己落脚的地方，有自己的载体。对于班级文化来说，物质的东西是一种载体，物质文化建设是班级文化建设的重要内容和有效抓手。从实践上来看，教室墙壁文化、景观文化等在一定程度上确实促进了班级文化建设，一些富有特色的文化视觉标志，也确实可以给人一种耳目一新的感觉。但需要注意的是，这些物质文化只是班级文化建设的一部分，是班级文化建设的表层。如果把这种浅层的物质文化作为班级文化建设的重点或全部，把班级文化建设成五彩缤纷、热闹非凡的表象，那么这就势必会忽略、遗忘了班级文化建设的内核，从而造成班级核心价值观的缺失以及班级精神的错位。

班级文化建设的本义，就是追寻一种教育的真实，追寻春风化雨、静待成长的那种意境，是去改变一些人，而不仅仅是吸引住一些人的眼球，制造一种热气腾腾的假象。所以，对于班级文化建设来说，它最终的落脚点应该是人的活动，并通过人的活动培育和提升人的文化品格。而人的活动，则主要表现为其在文化活动中的发起、参与和评价等主体特征。以班级制度文化的形成为例，如果班主任个人或者"伙同"部分班干部拟制出一系列管理规定，并要求全体同学严格遵守、认真执行，这就失去了制度的文化特征，具有文化特征的制度形成应该体现出学生的自为性、自主性和创造性等特质。所以，一些有经验的班主任在建立班级制度时，往往采取学生为主体的方式。让学生在现实的班级生活中发现存在的问题，独立思考形成解决问题的方案，小组内交流针对某一问题的约束办法或奖励机制，在征集全班意见的基础上形成班级制度的草稿，并在实践中不断修正和调整一些具体的条例，使班级制度不断完善、丰富、鲜活。让班级制度的形成过程充斥着学生的思考、探索和想象，并不断为制度的实践提供着平台和机会。

班级文化怎样唤醒学生的道德生命

班级文化和道德教育有着必然的联系，更与学生的道德生命成长相互浸润、相互融通，学生可以在班级文化氛围中汲取精神的滋养，更可以在文化的形成过程中让自己的道德意识不断丰盈。所以，从价值判断上来看，班级文化可以唤醒学生的道德生命，这主要表现在三个方面的深刻意蕴：一是班级文化让学生获得一种身份，确立起道德成长的责任意识；二是班级文化让学生逐步人格化，在丰富多彩的文化活动中塑造自己的人格；三是班级文化是一个可以分享的世界，学生在分享的世界中获得了向上向善的力量。

一种优秀的班级文化应该充盈着对真善美的赞美和追求，包含着对学生精神世界的引领和期待，可以说，我们追求的学生道德就在班级文化之中。但是班级文化中的道德不可能直接进入学生的心灵，它一般有两个方式：一是同行，即文化与道德相伴而行，意思是说在产生文化的同时生成道德，因为没有道德的文化是不能称为文化的，道德本就是文化的应有之义；二是摆渡，即在班级文化形成的基础上，借助一定方式的推动，让班级文化中的道德内容内化为学生的道德认知，并逐步外化为道德行为。也就是说，在很多时候，班级文化的构建过程也就是学生道德的形成过程，正是众多学生对道德的共同认识才形成了相对集中的价值观、人生观，才形成了独具特色的班级文化。同时，班级文化的核心价值观又统领着学生个体的思想和理念，熏陶和感染着学生的"精"和"神"，让每一个游离于班级文化的学生个体自然摆渡到班级文化的海洋之中，从而达到让每一个人都能聚"精"会"神"的境界，完成班级文化的深度构建。

文化应该以谦卑的、吸引人的方式，而不是强制的、强权的方式来让人们接受；反之，就不能称其为文化，抑或不是我们所倡导、追求的文化。那种简单的、肤浅的不以人为中心的"文化"，确实应该，也必须引起我们深刻的反思。

王维审

2018年8月25日